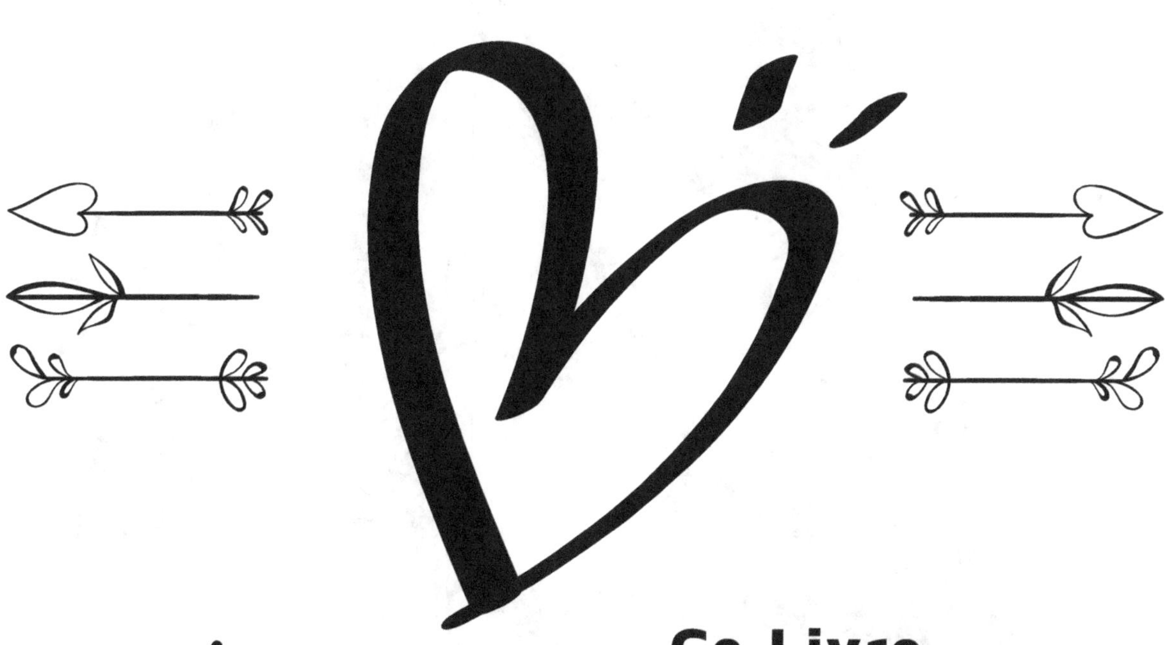

Ce Livre

Appartient à

BATEAU DE CROISIÈRE LIVRE DE COLORIAGE

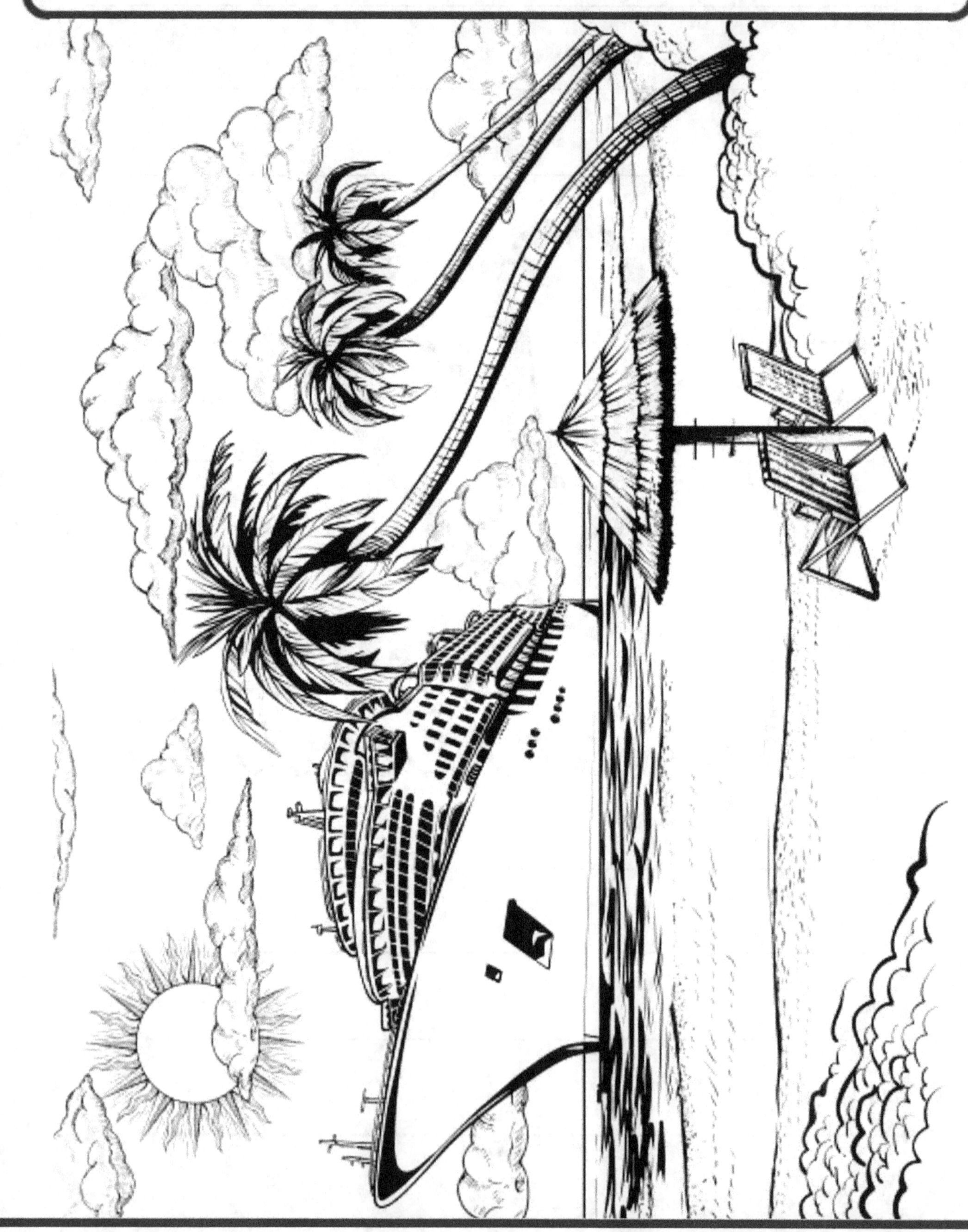

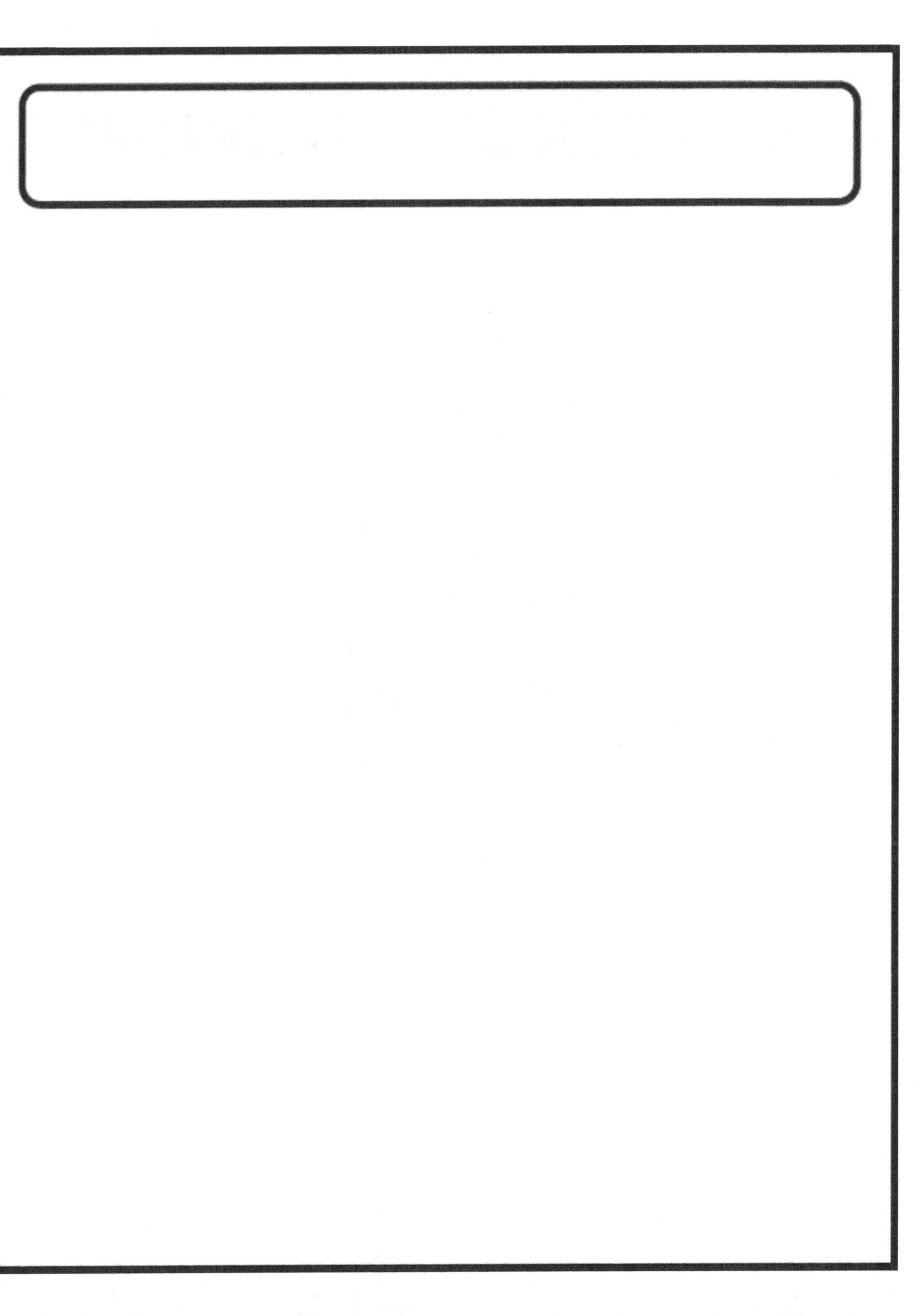

BATEAU DE CROISIÈRE LIVRE DE COLORIAGE

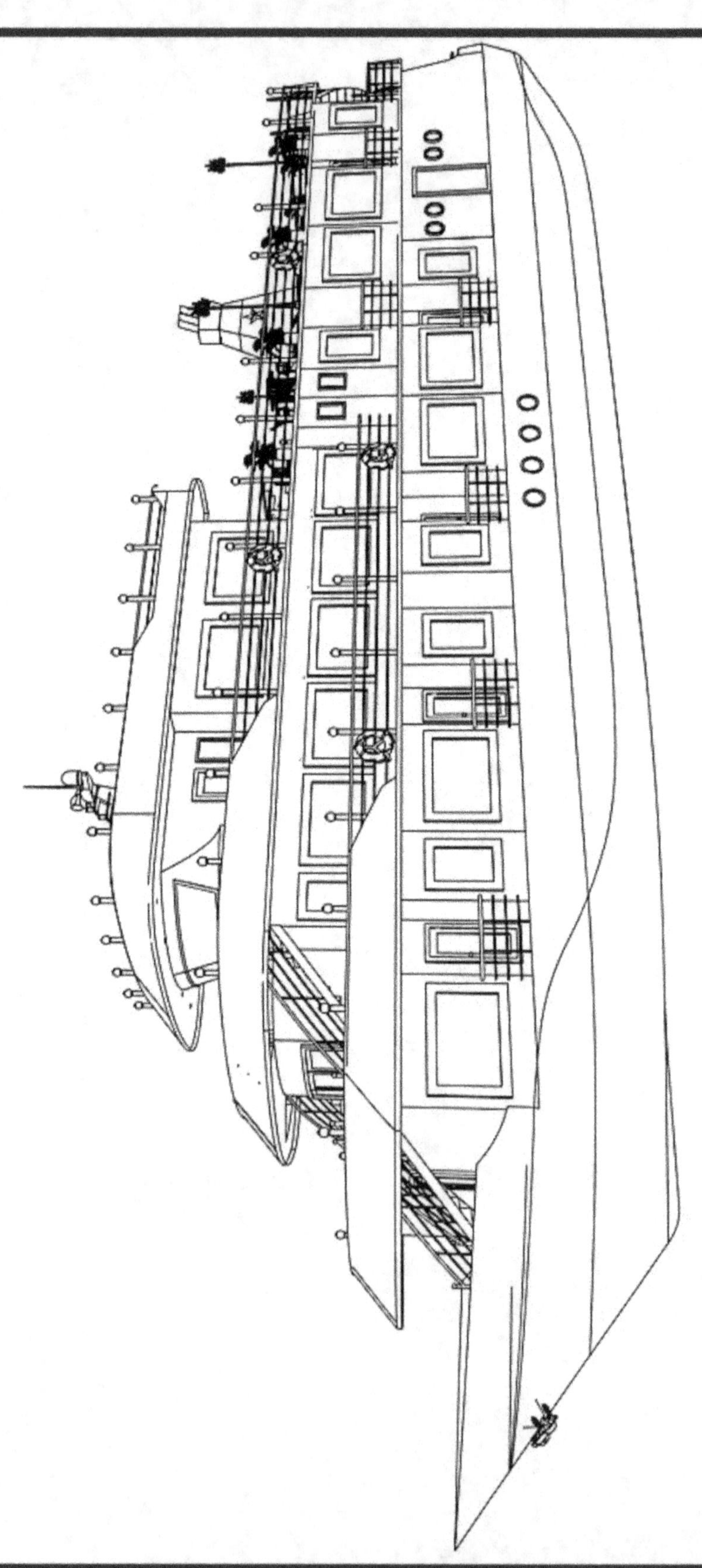

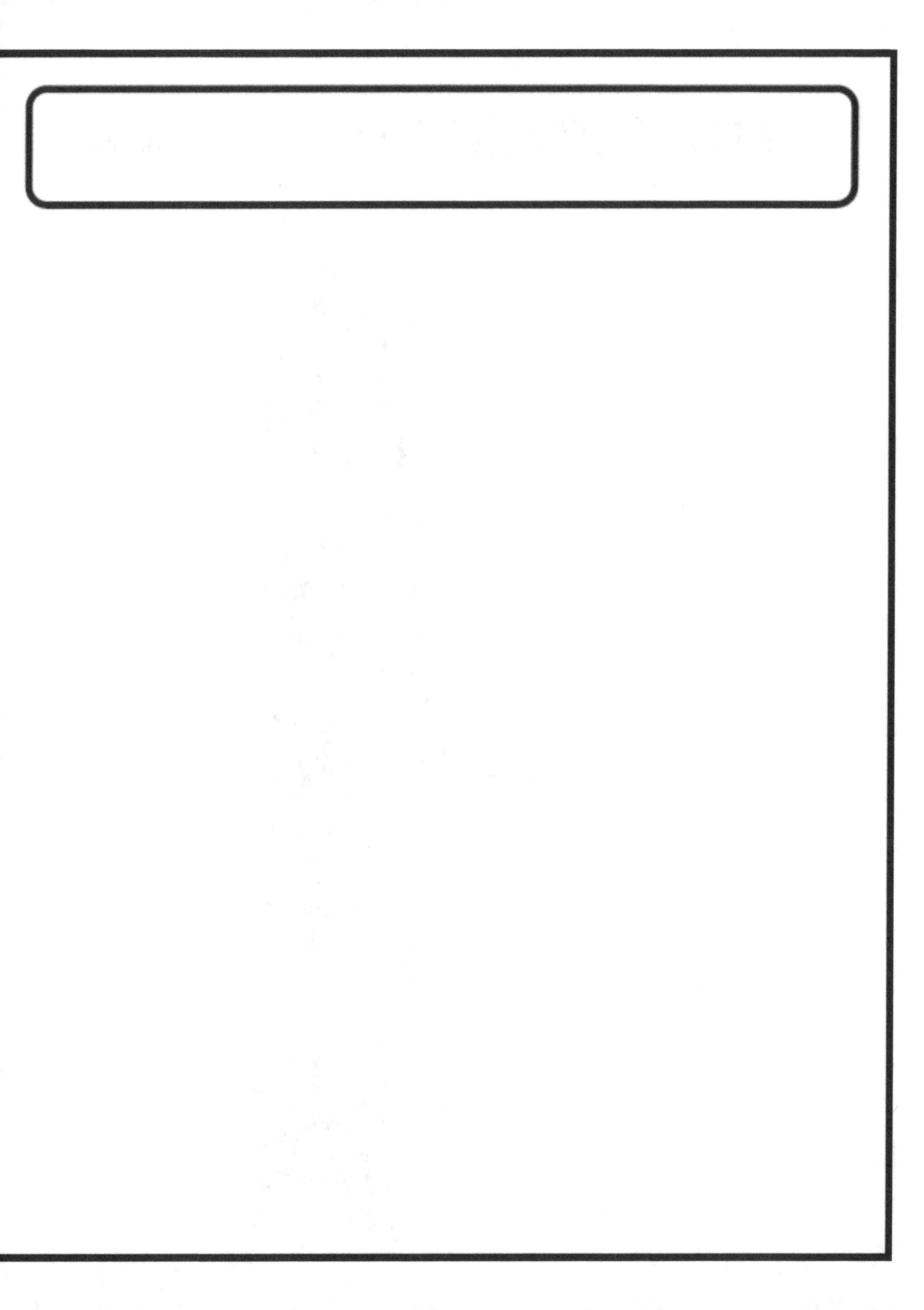

BATEAU DE CROISIÈRE LIVRE DE COLORIAGE

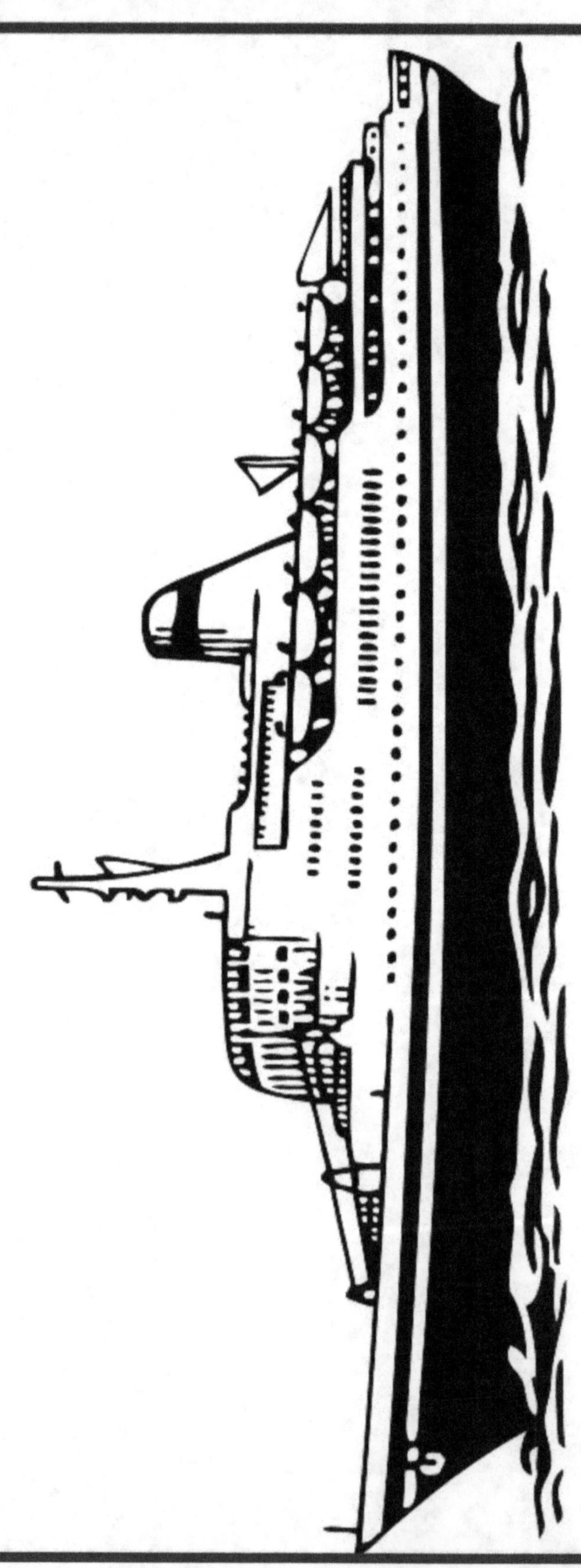

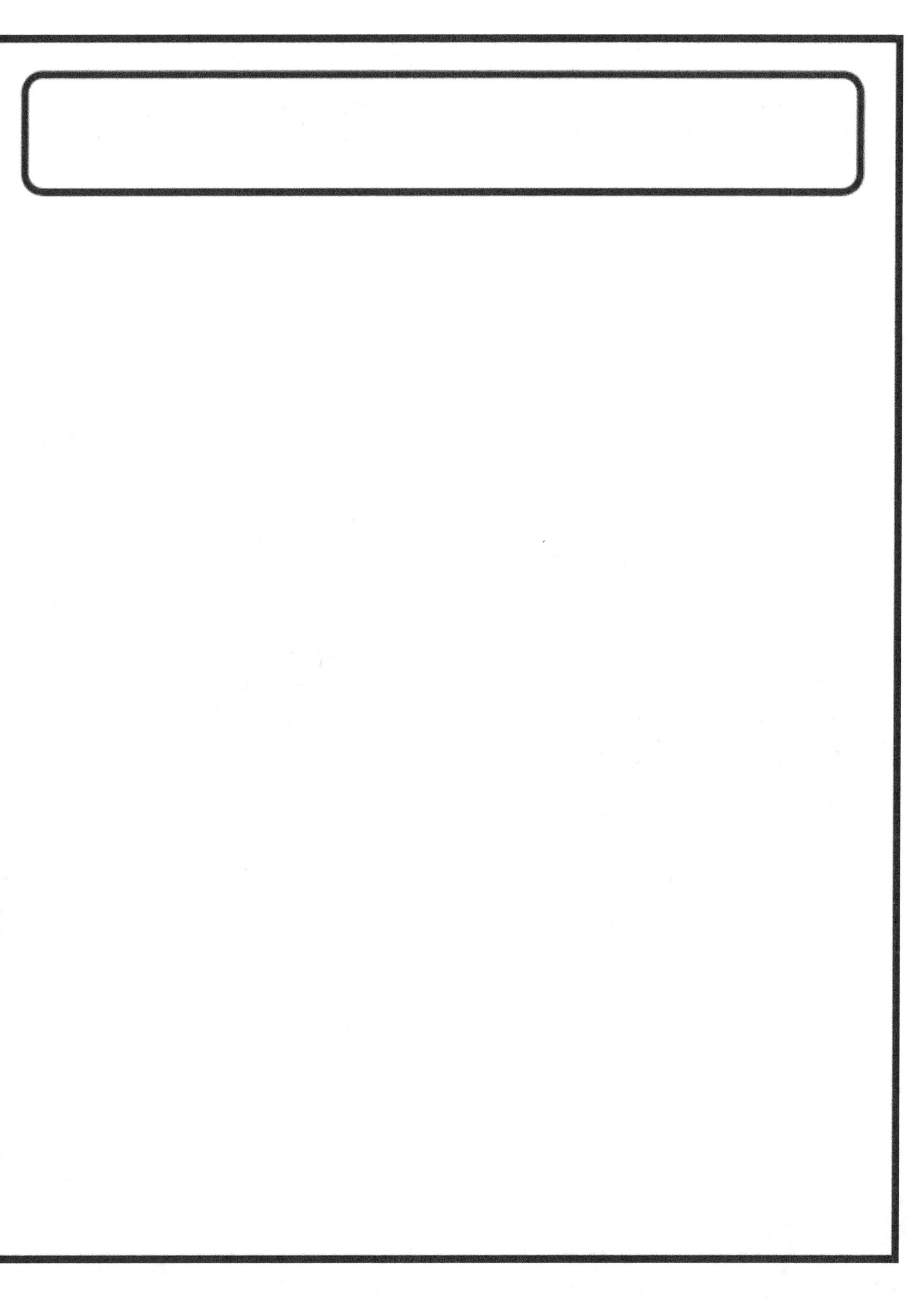

BATEAU DE CROISIÈRE LIVRE DE COLORIAGE

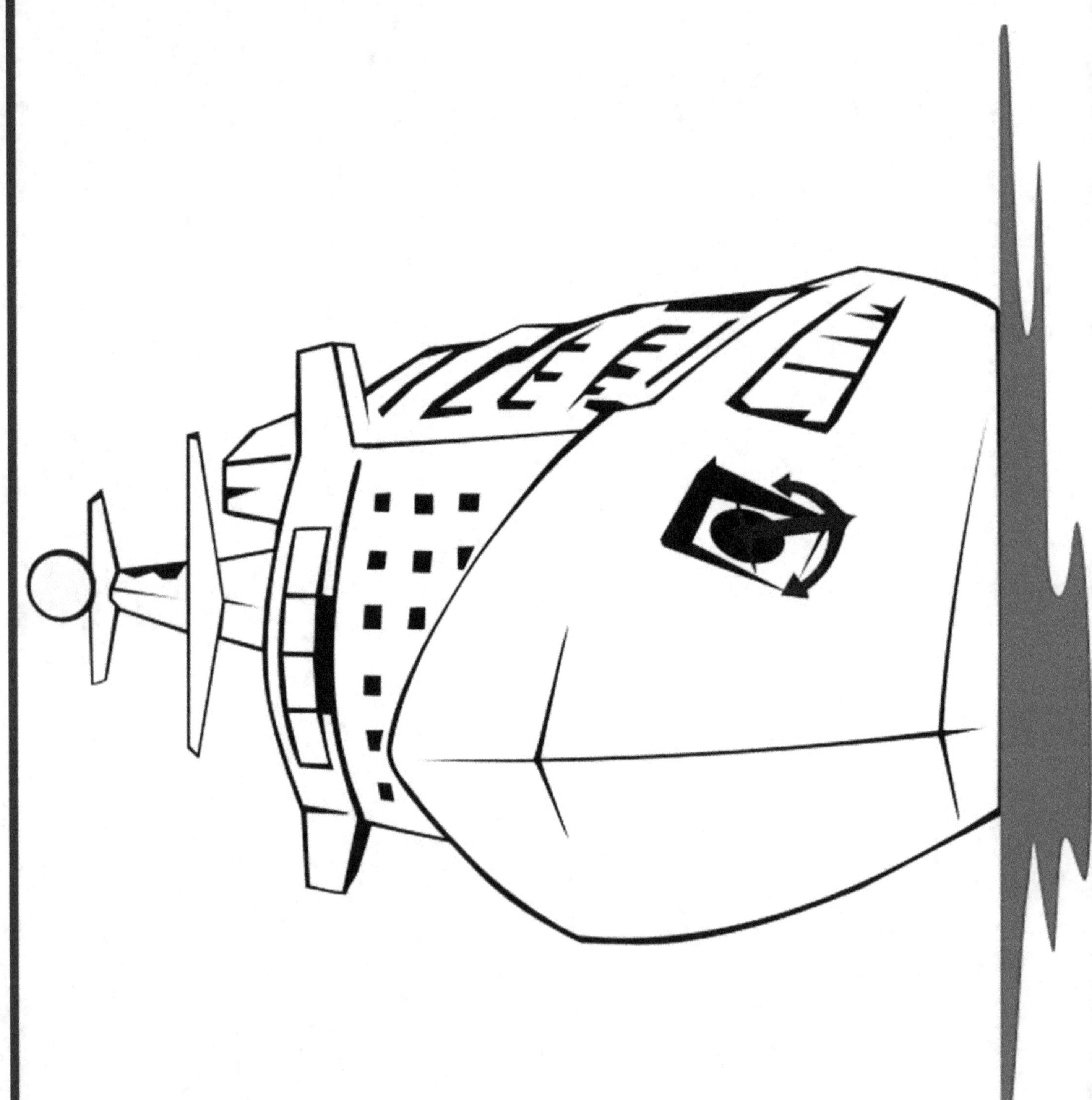

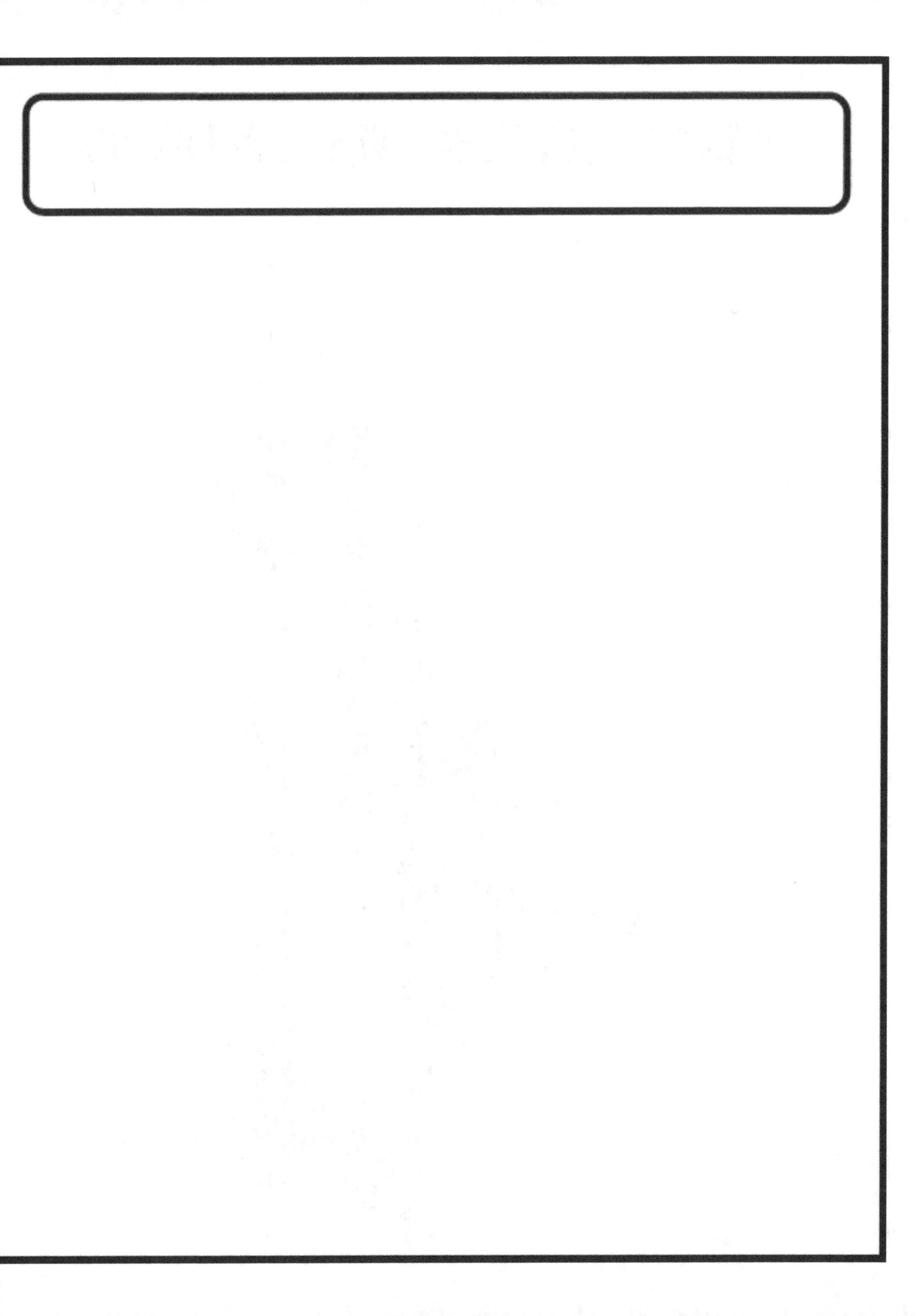

BATEAU DE CROISIÈRE LIVRE DE COLORIAGE

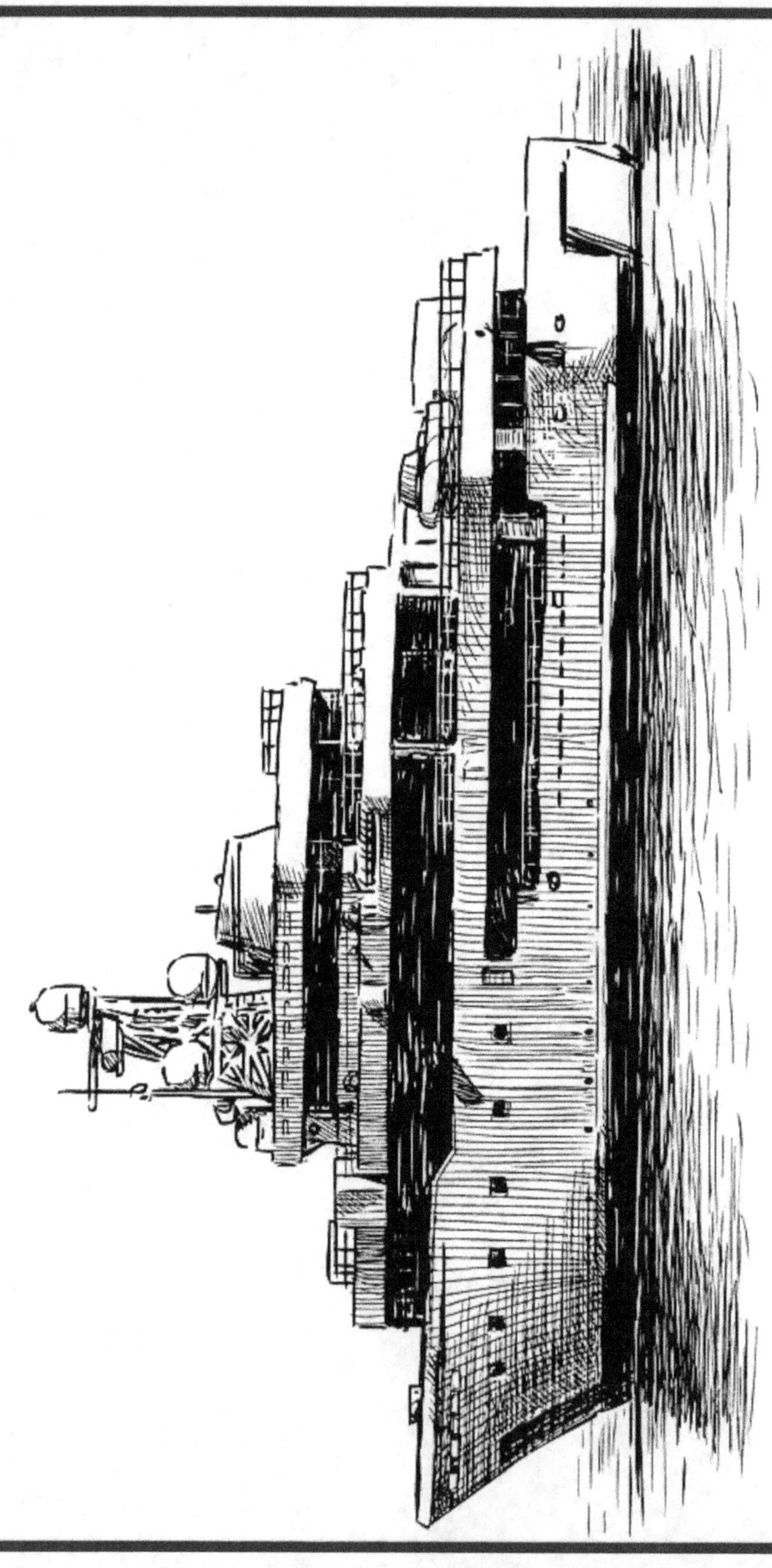

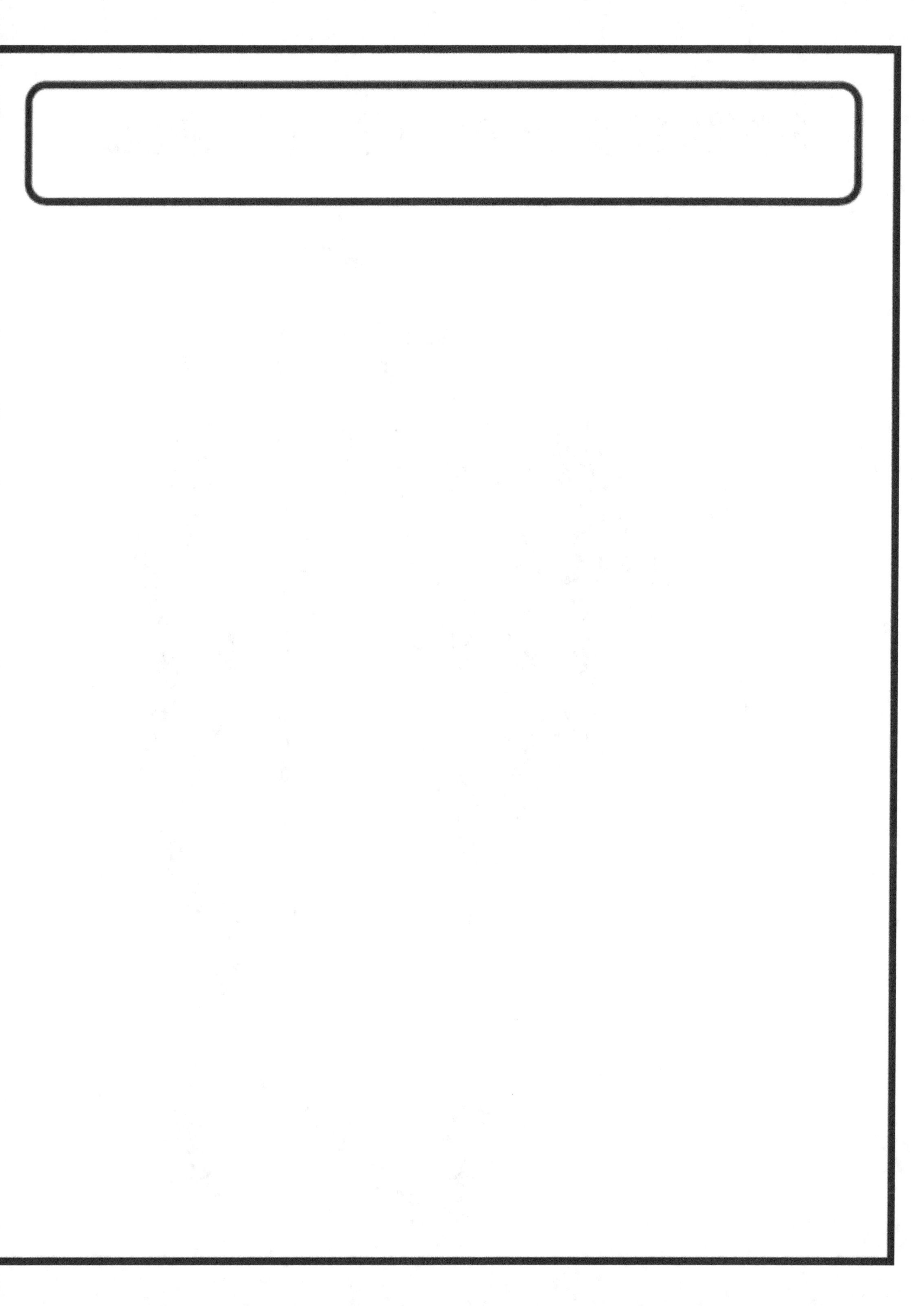

BATEAU DE CROISIÈRE LIVRE DE COLORIAGE

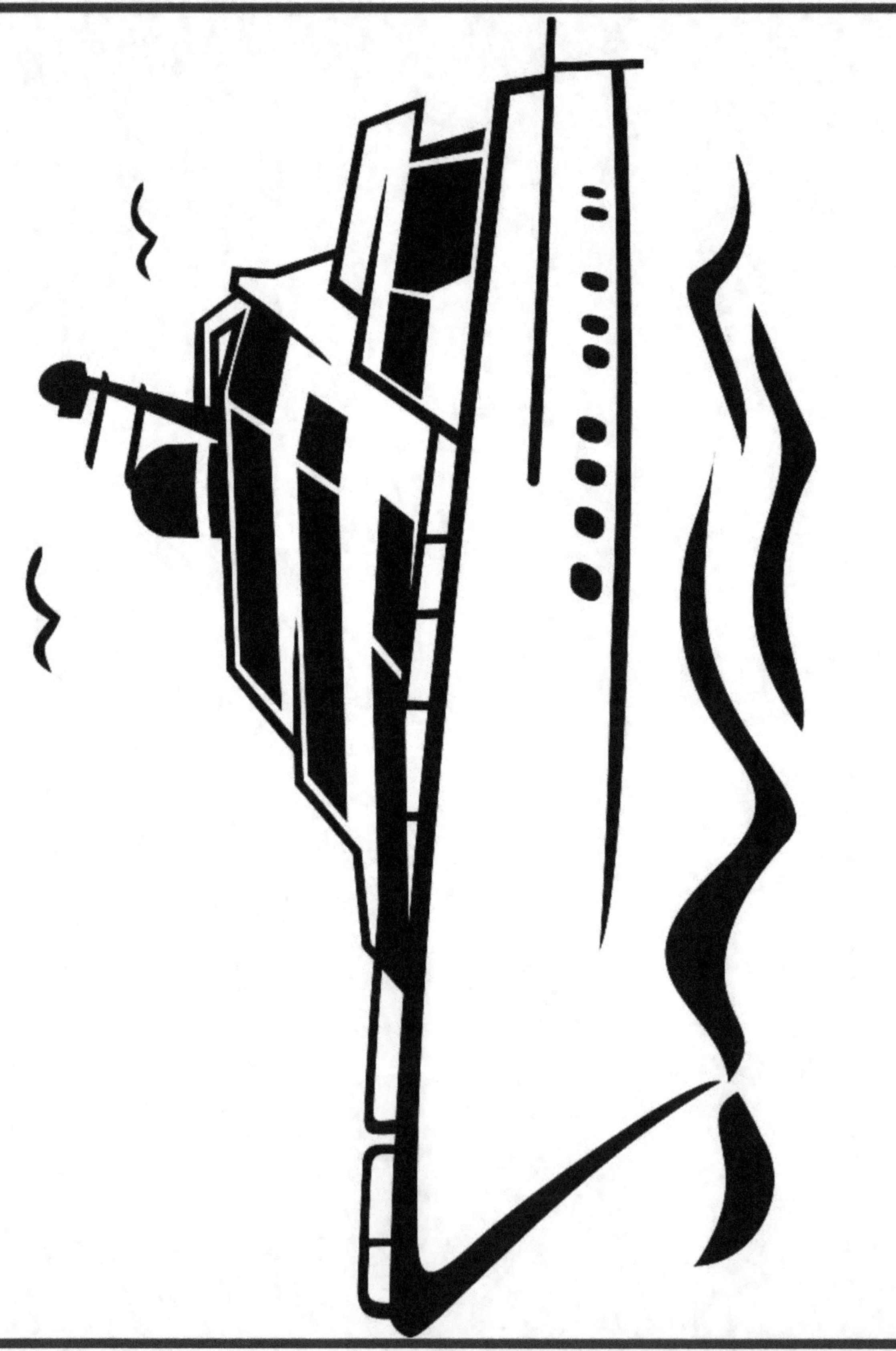

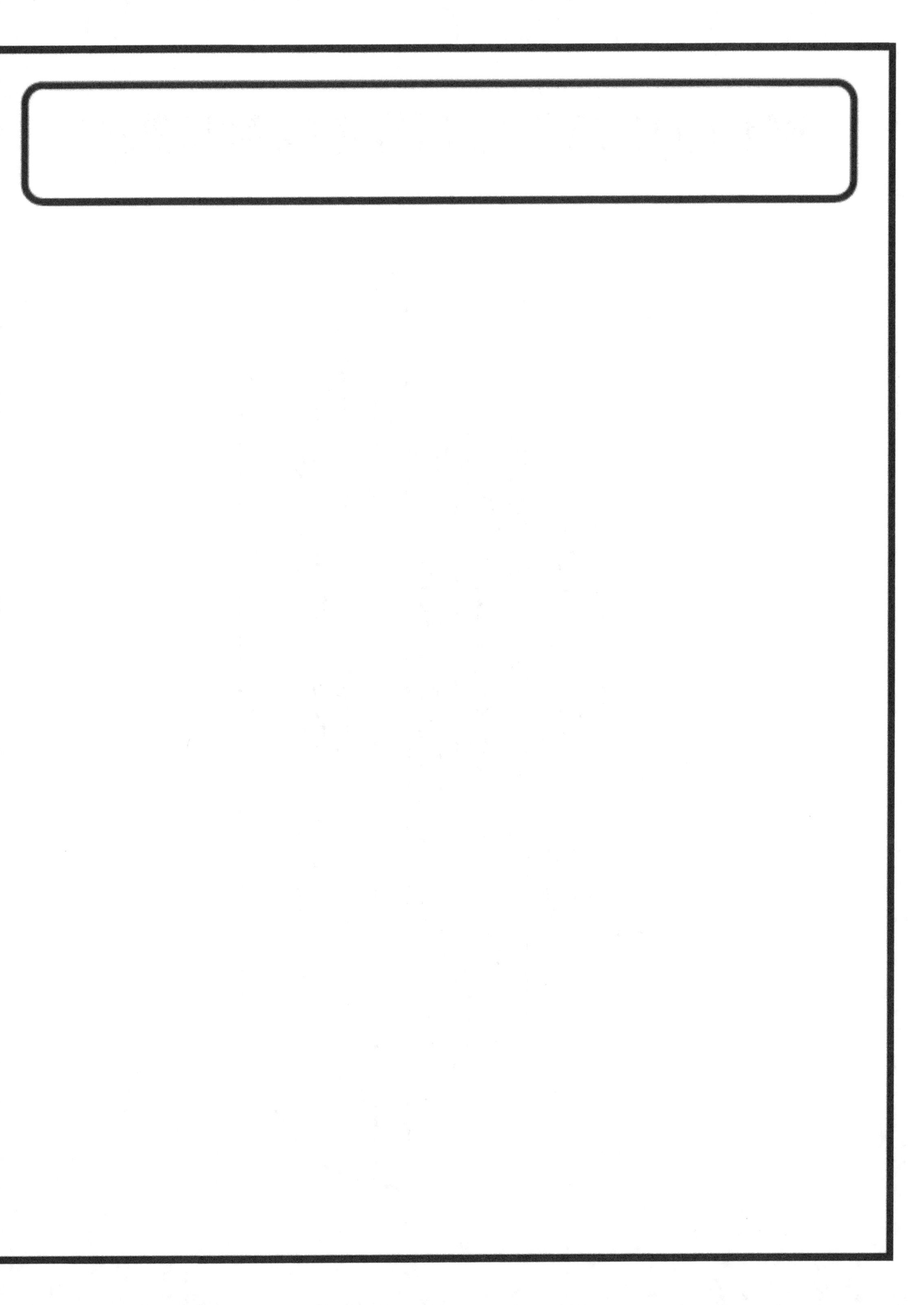

BATEAU DE CROISIÈRE LIVRE DE COLORIAGE

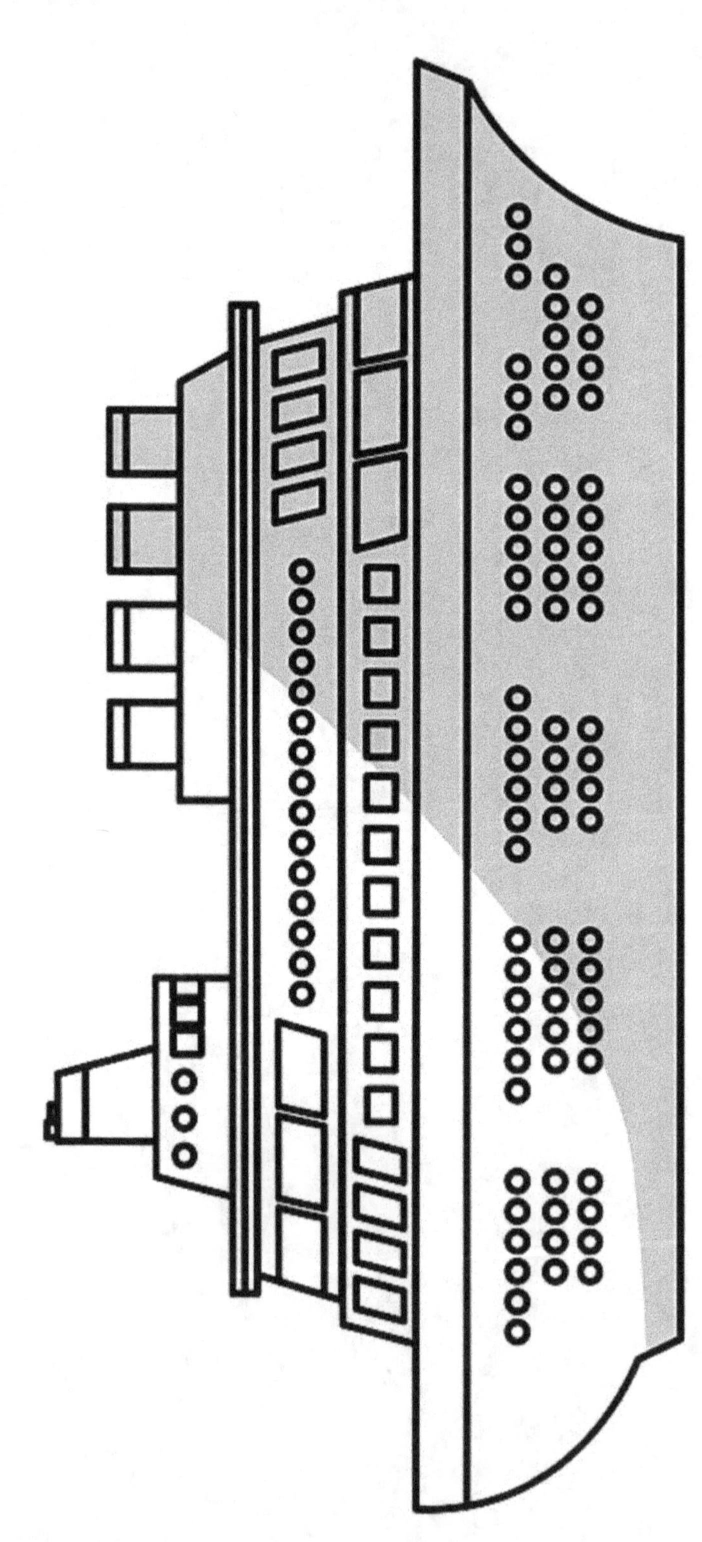

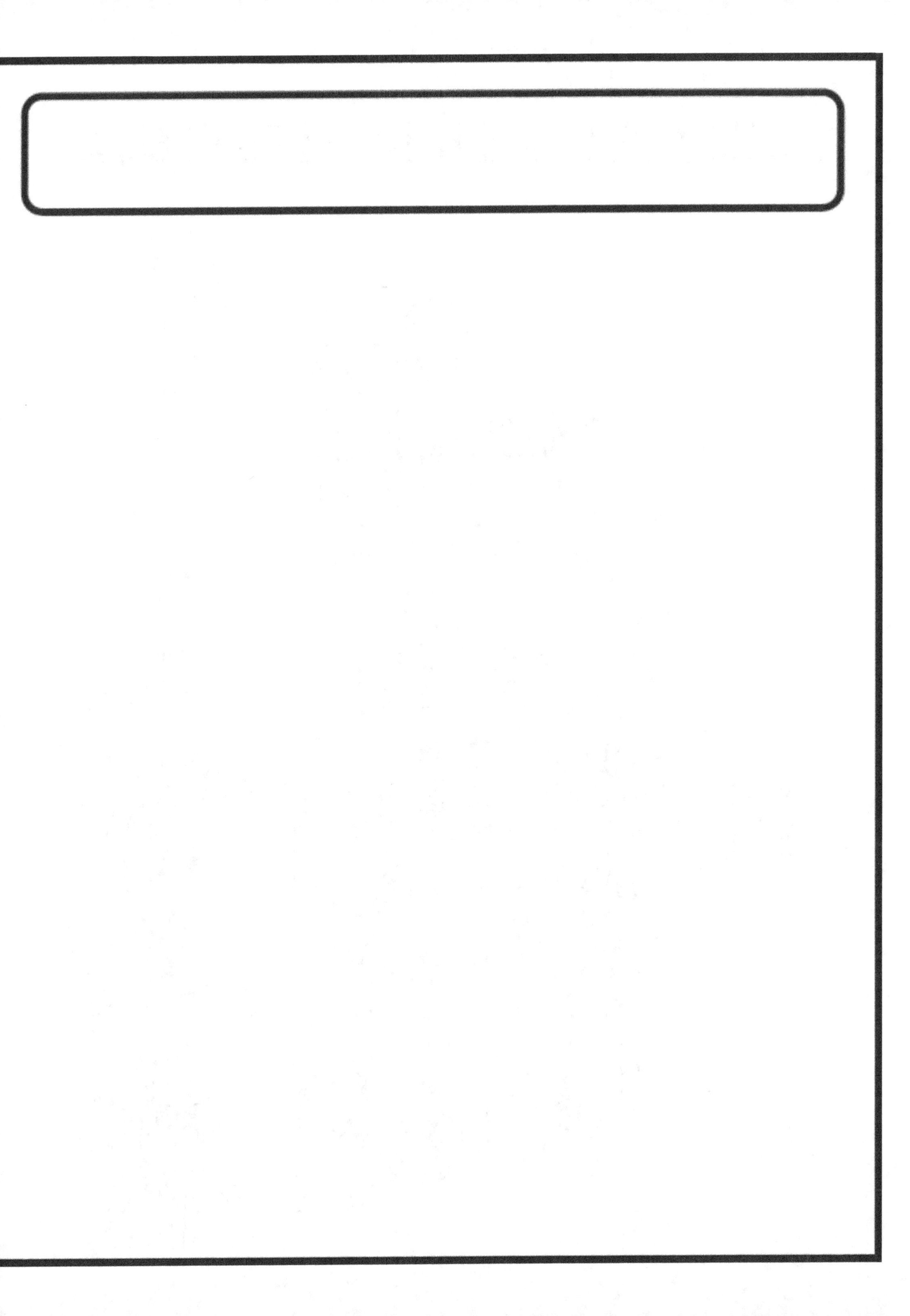

BATEAU DE CROISIÈRE LIVRE DE COLORIAGE

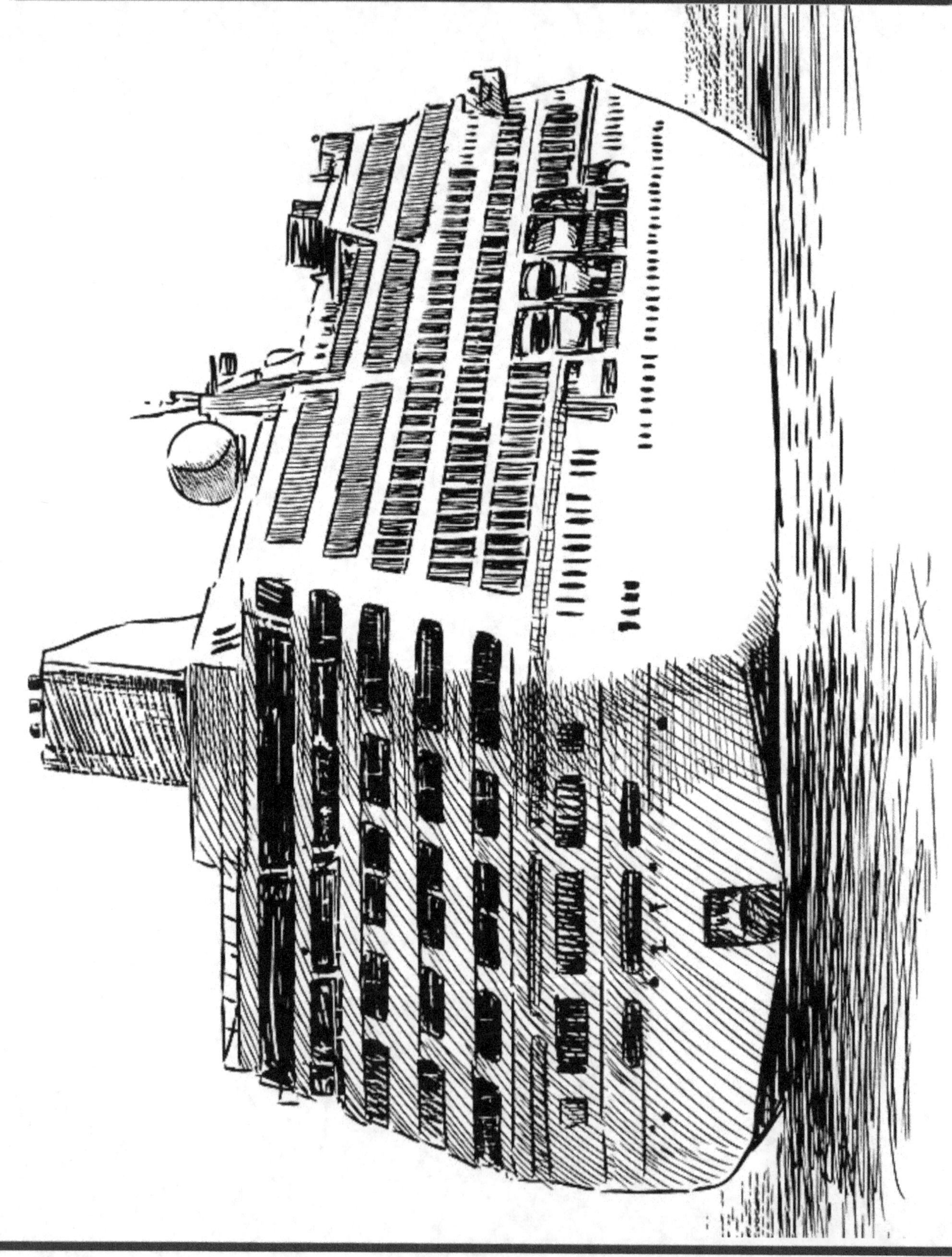

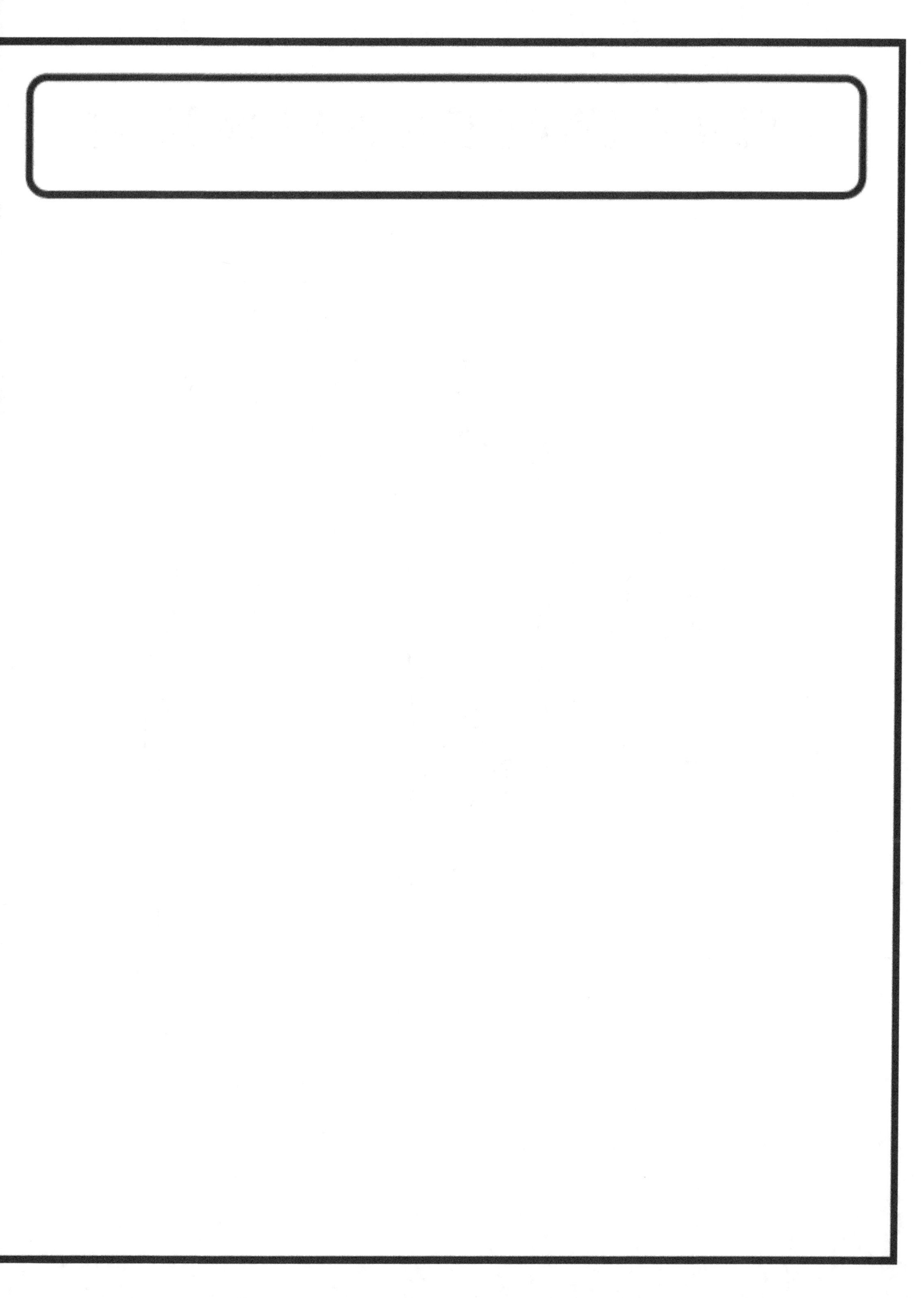

BATEAU DE CROISIÈRE LIVRE DE COLORIAGE

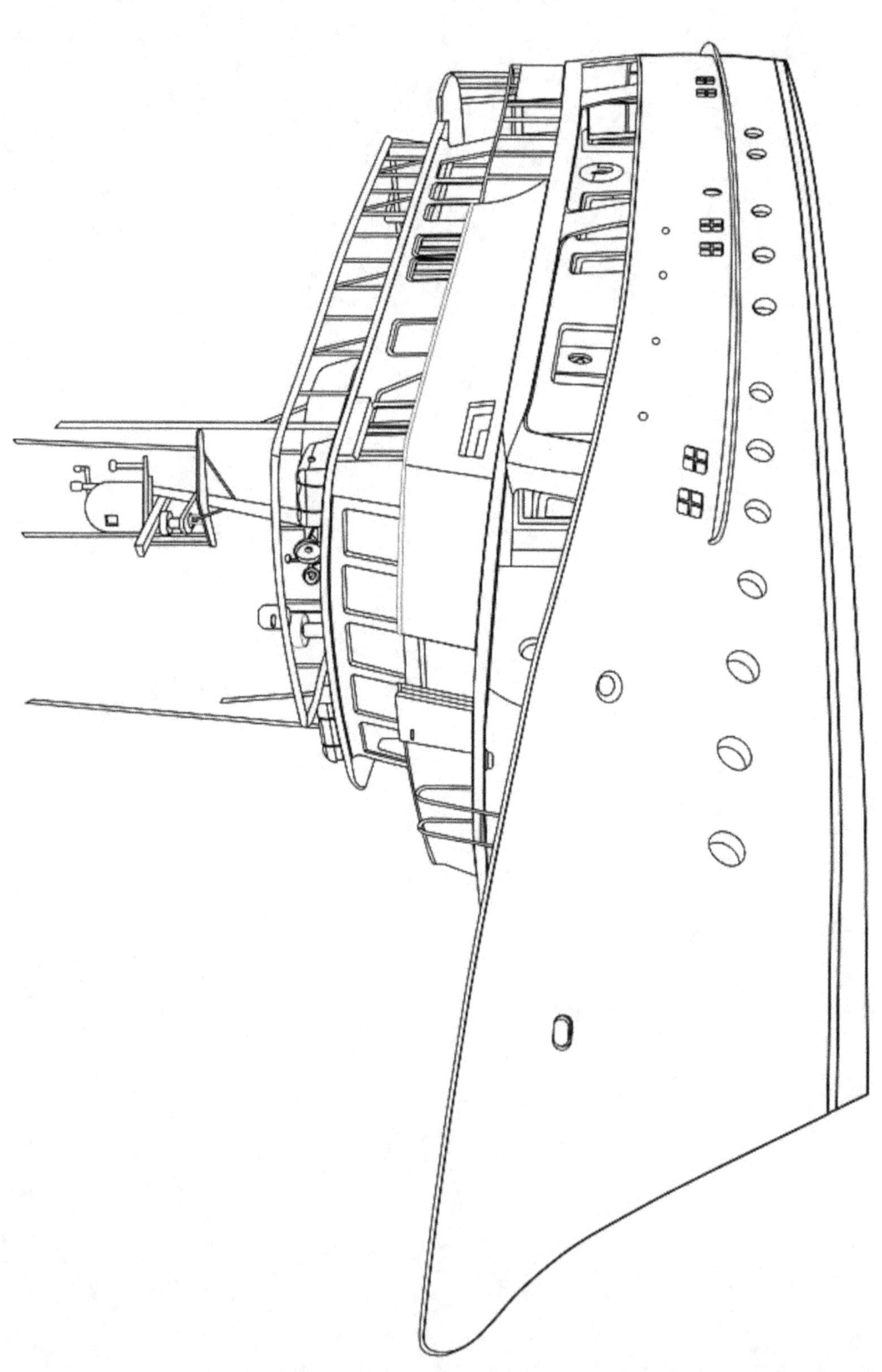

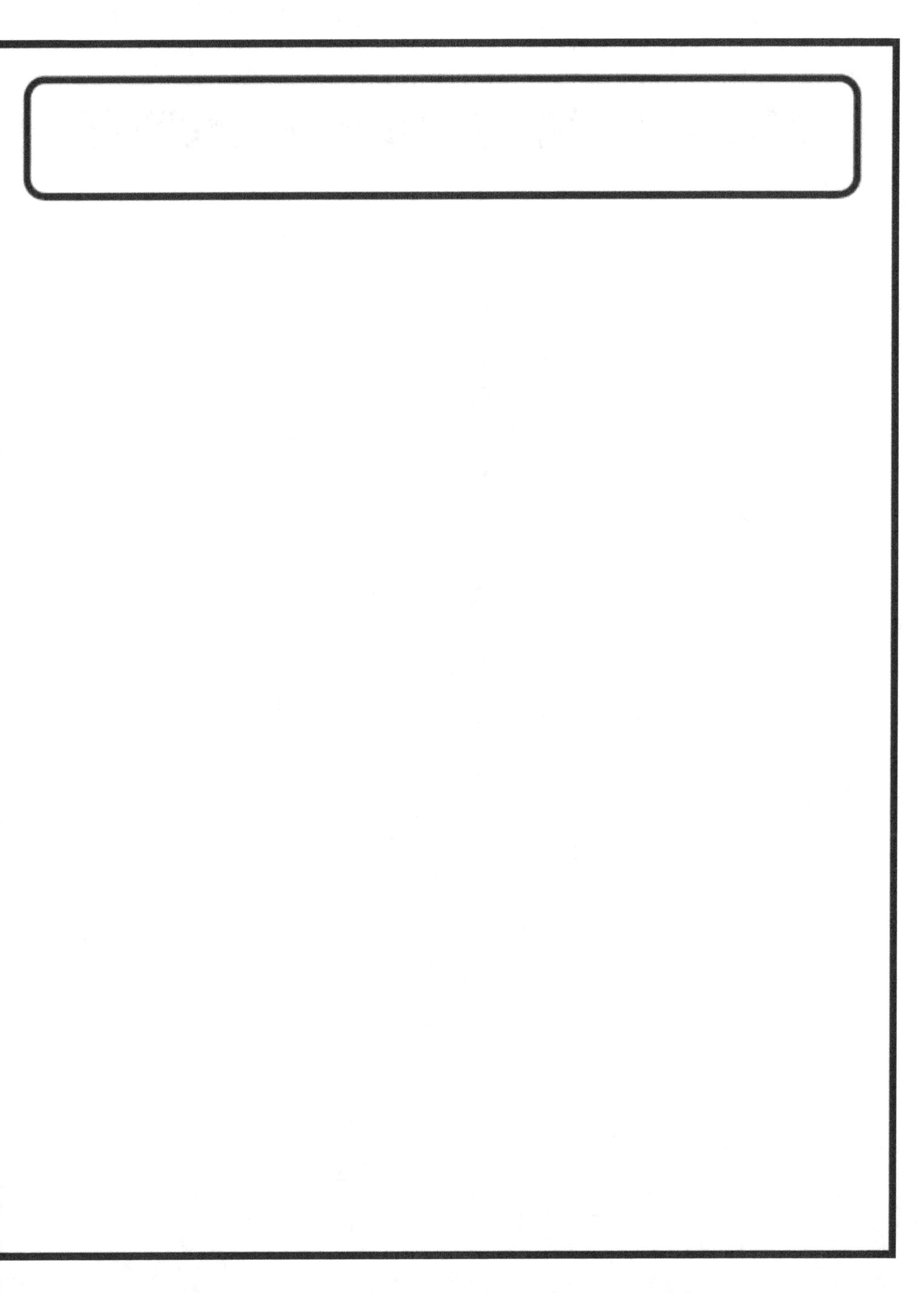

BATEAU DE CROISIÈRE LIVRE DE COLORIAGE

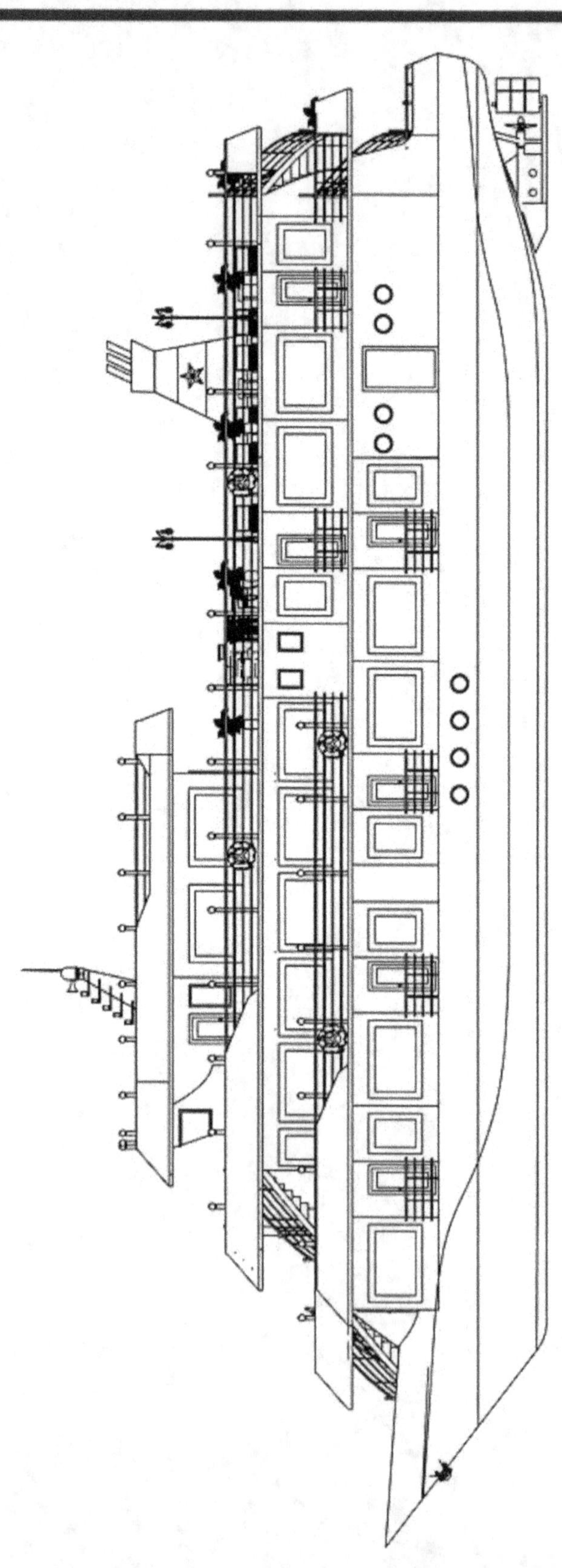

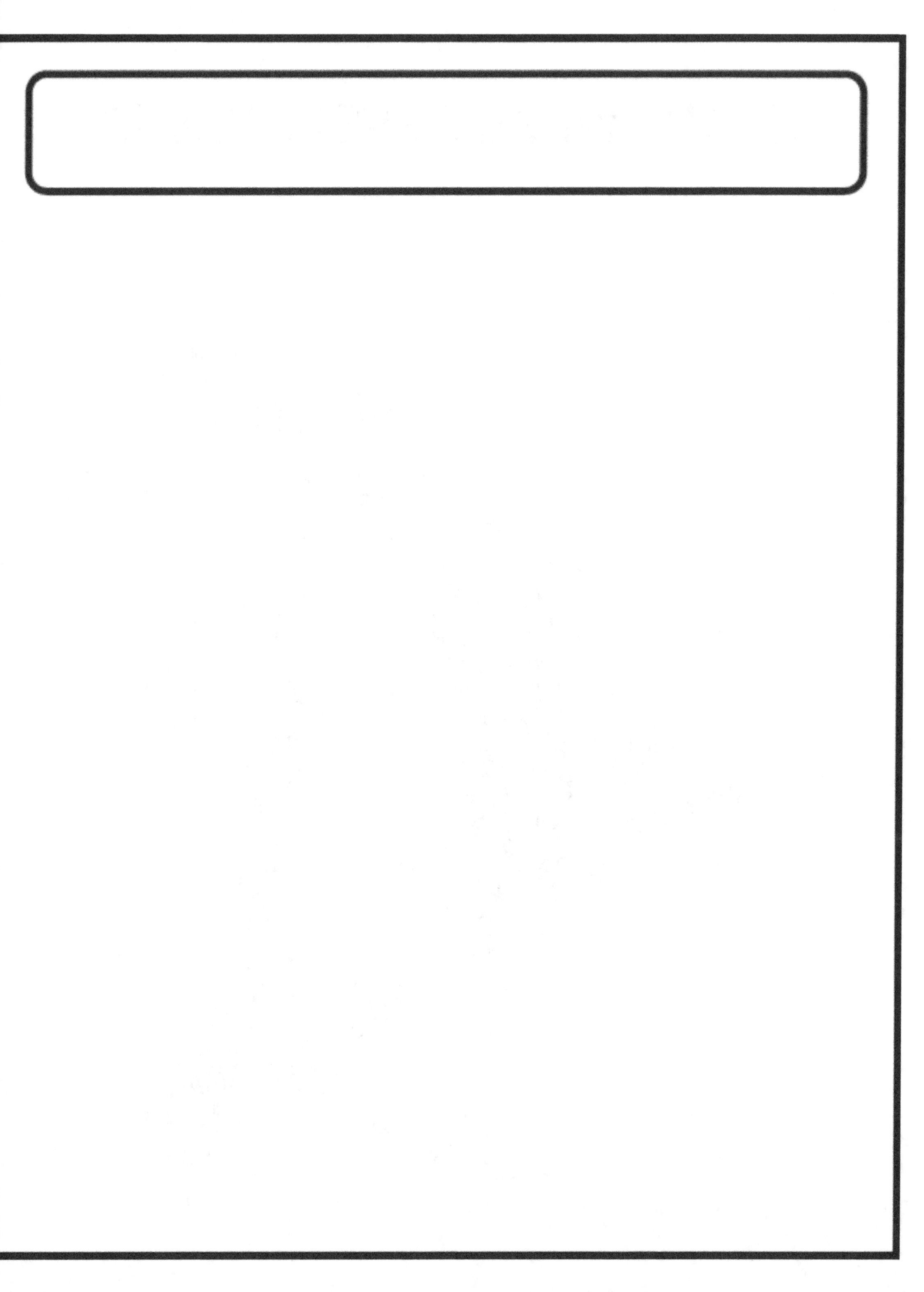

BATEAU DE CROISIÈRE LIVRE DE COLORIAGE

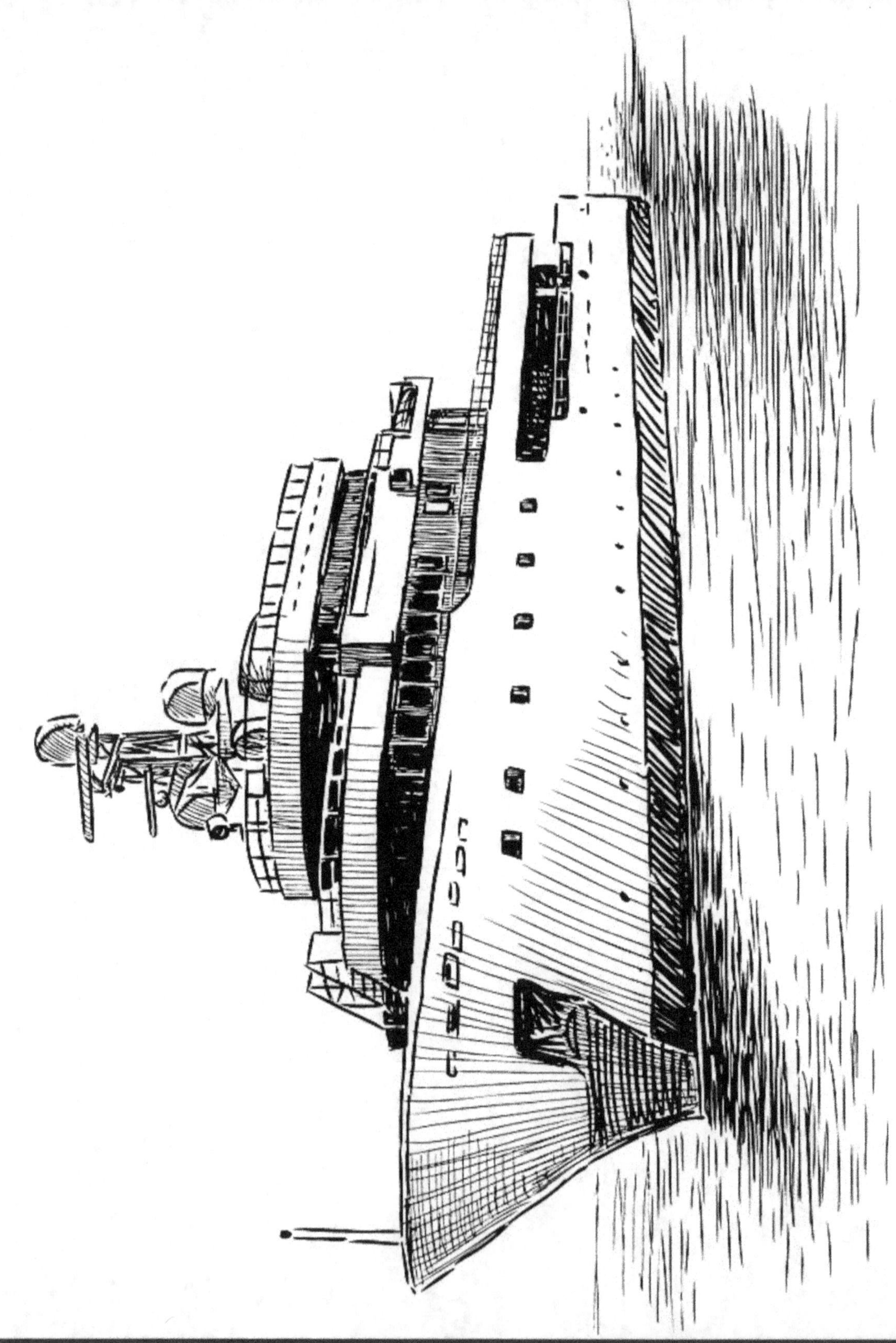

BATEAU DE CROISIÈRE LIVRE DE COLORIAGE

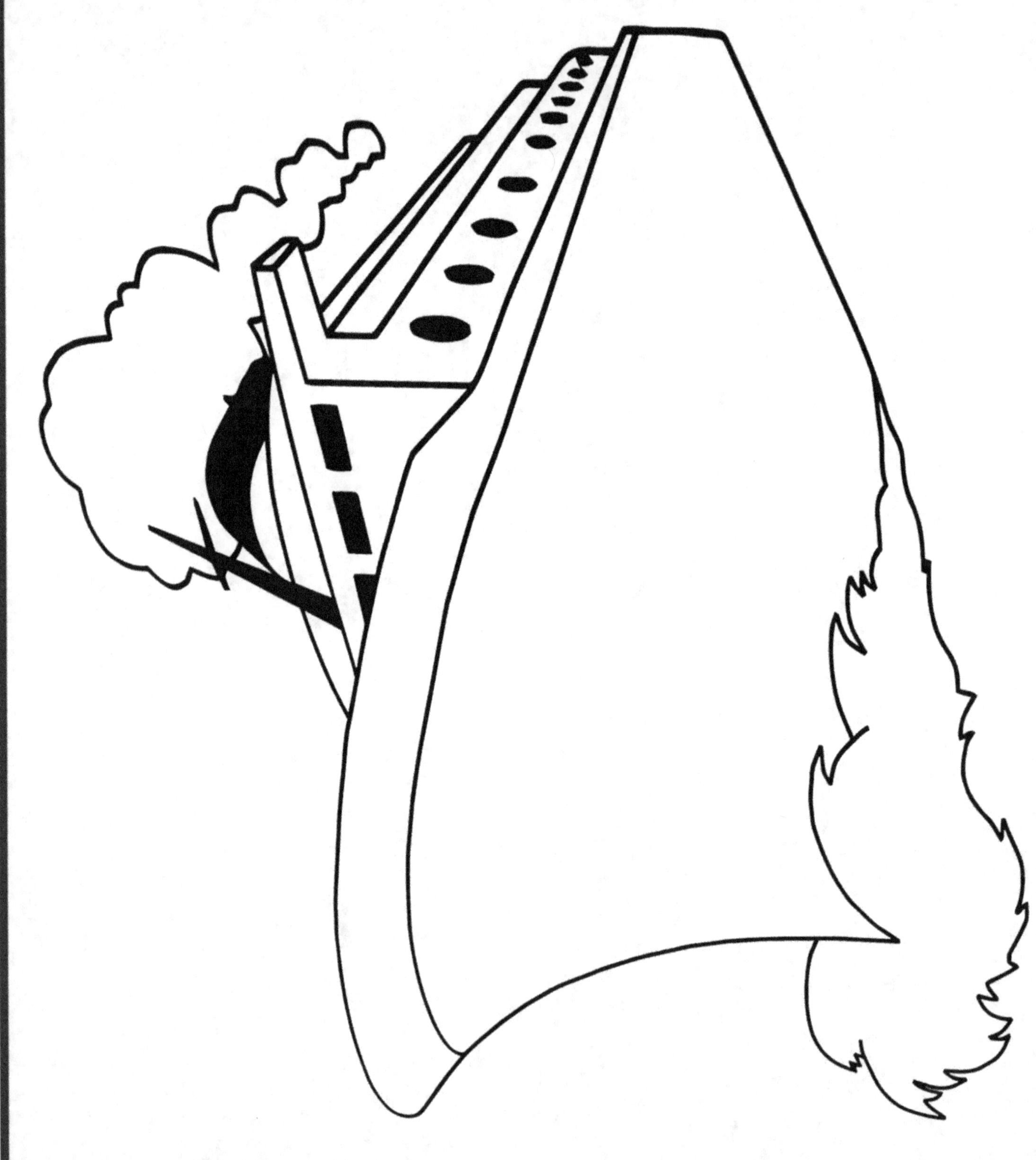

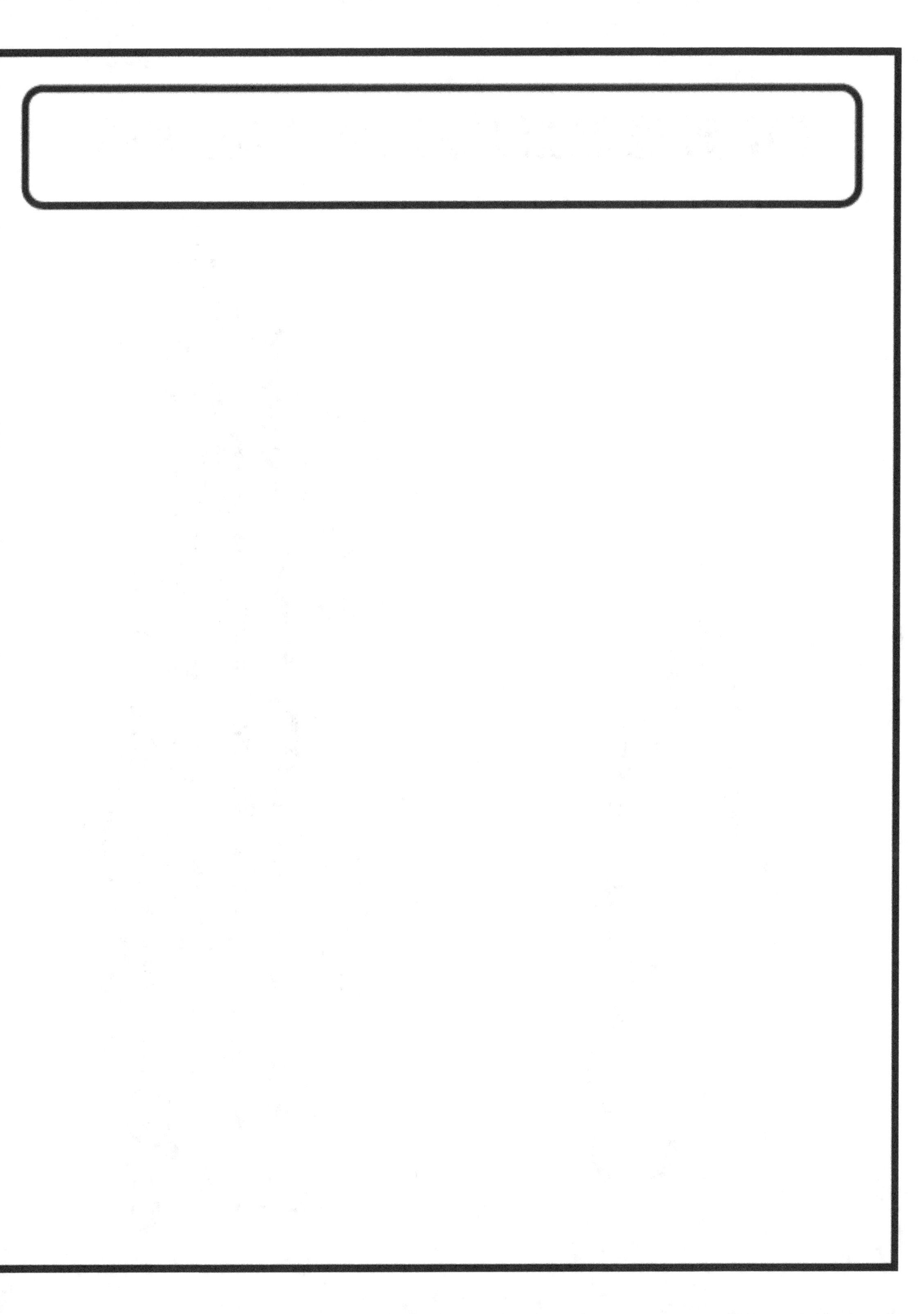

BATEAU DE CROISIÈRE LIVRE DE COLORIAGE

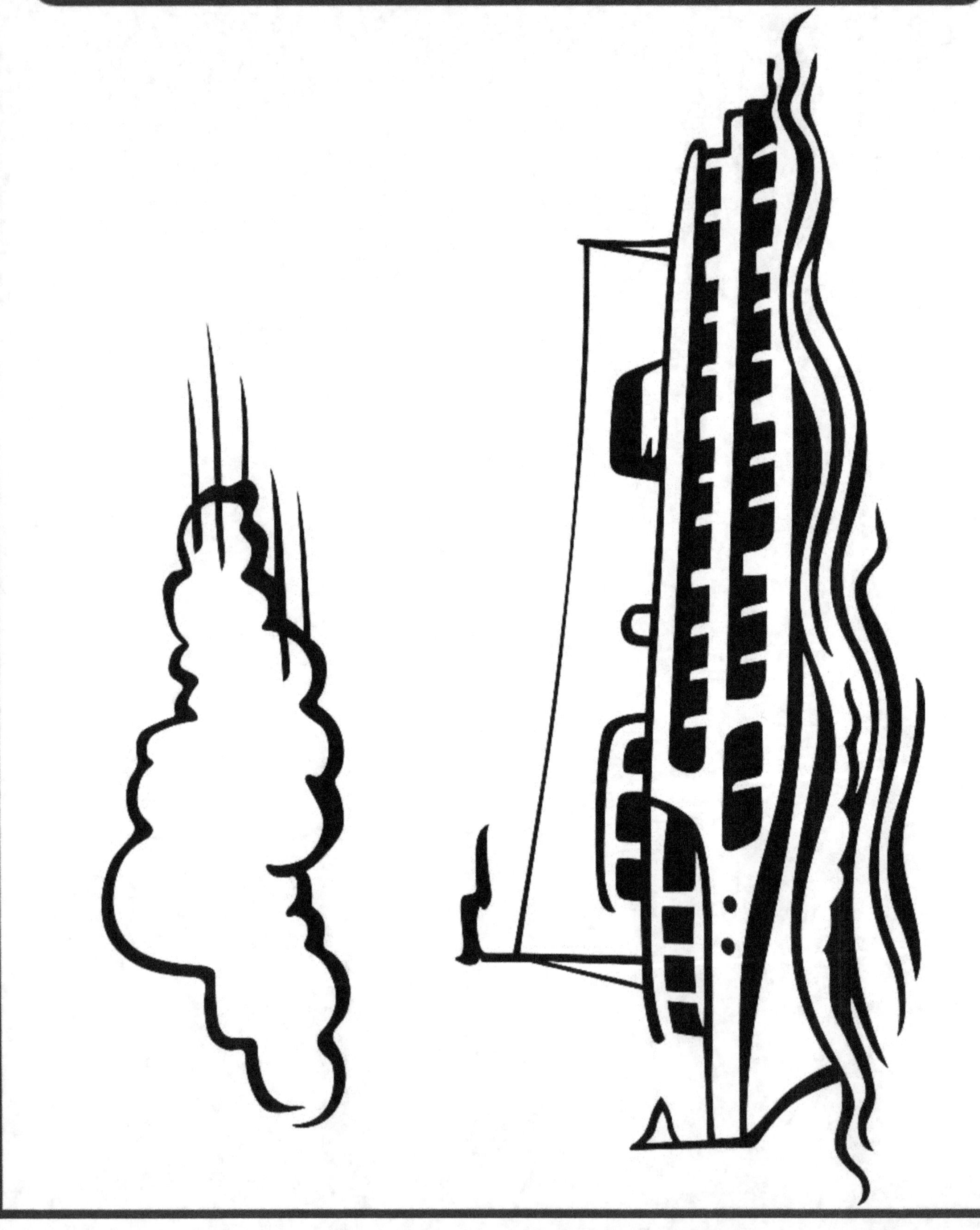

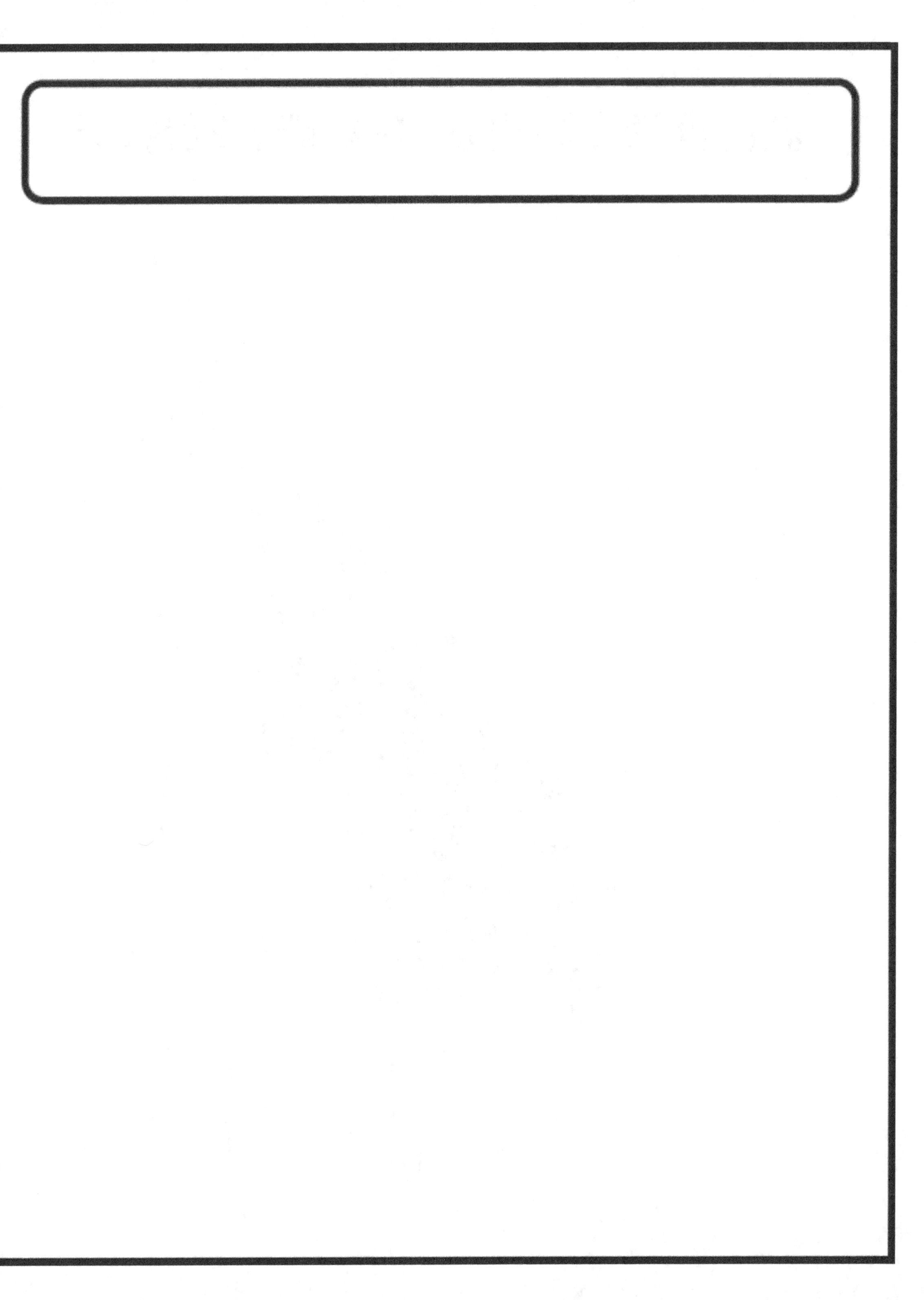

BATEAU DE CROISIÈRE LIVRE DE COLORIAGE

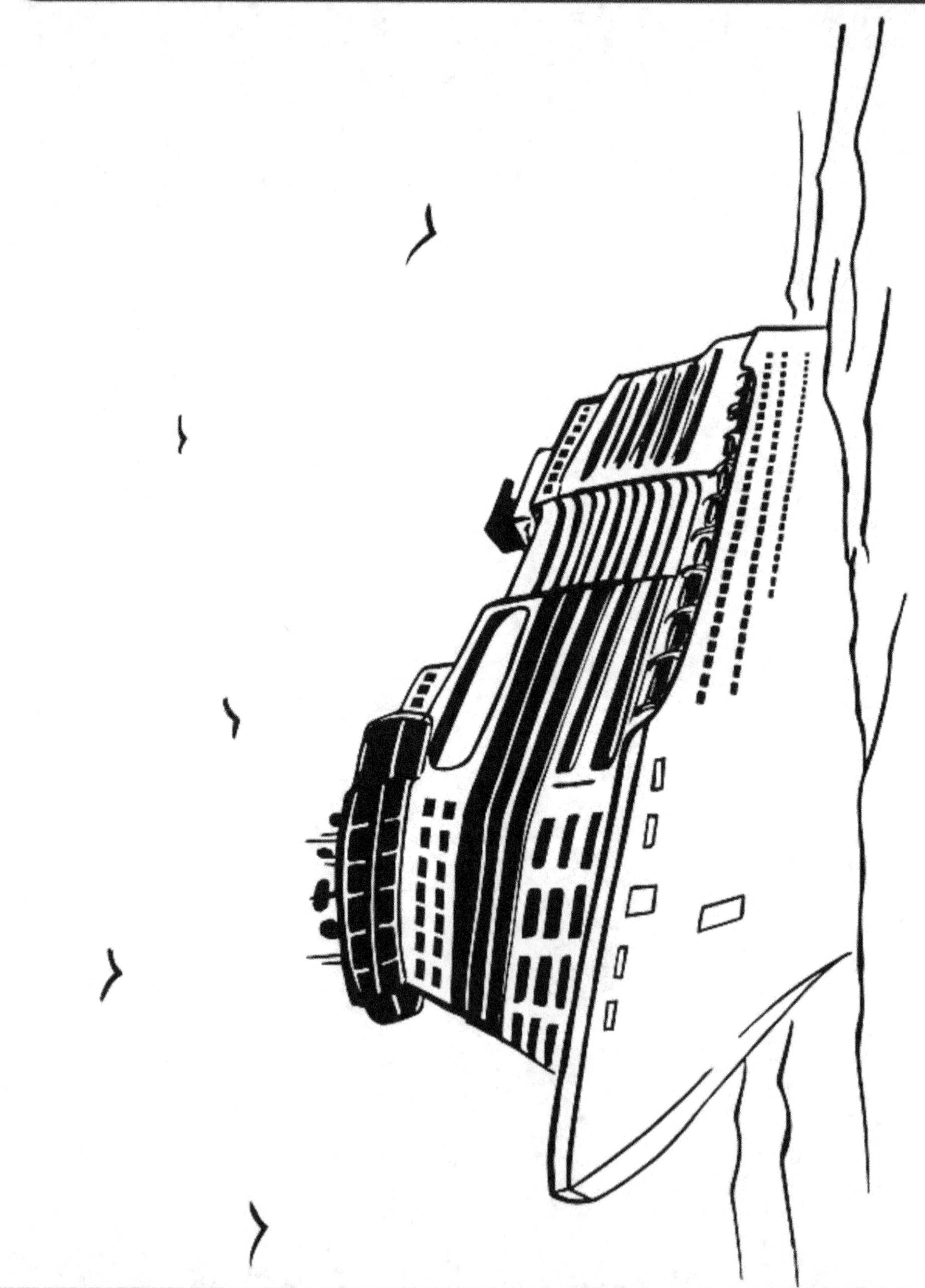

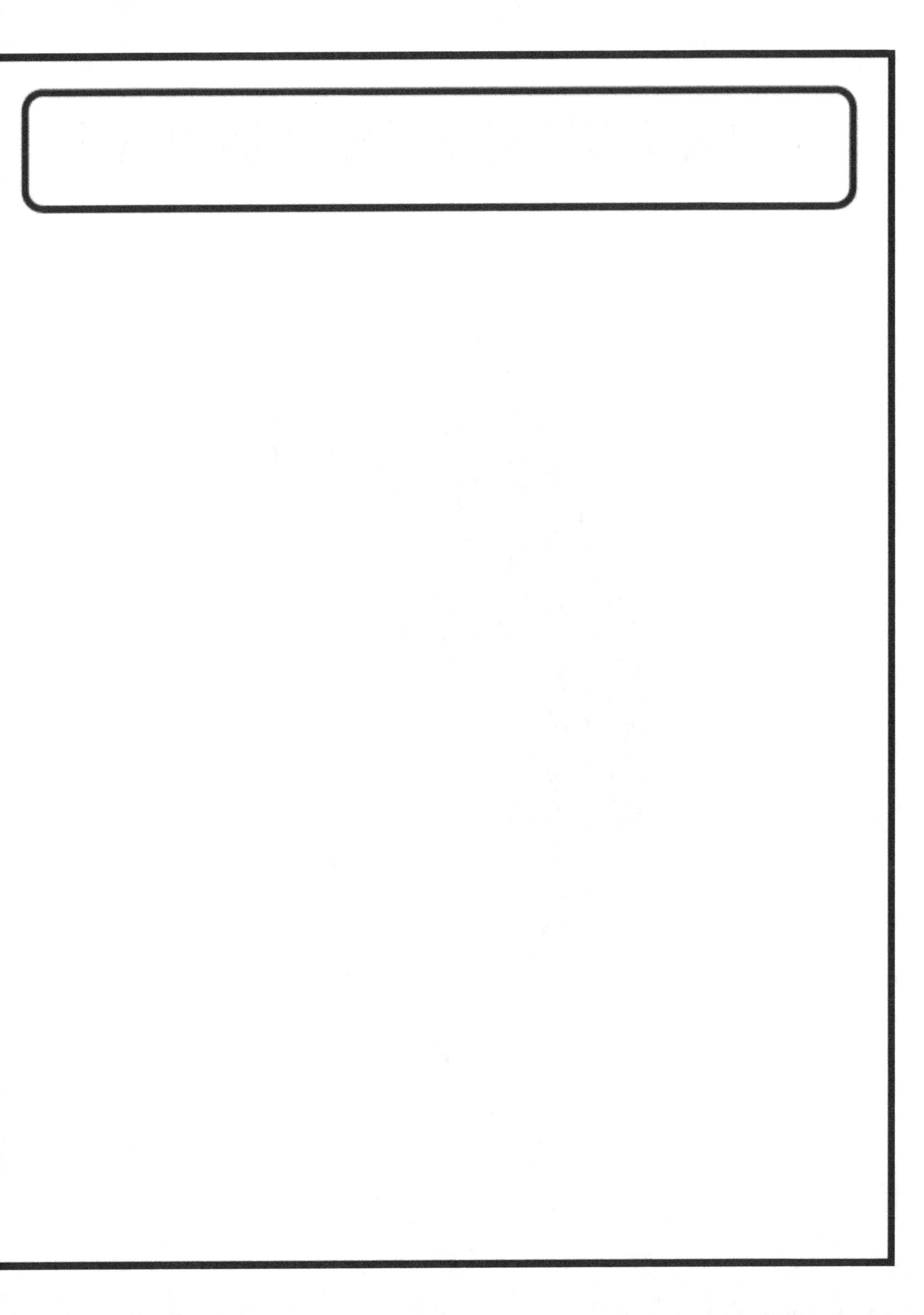

BATEAU DE CROISIÈRE LIVRE DE COLORIAGE

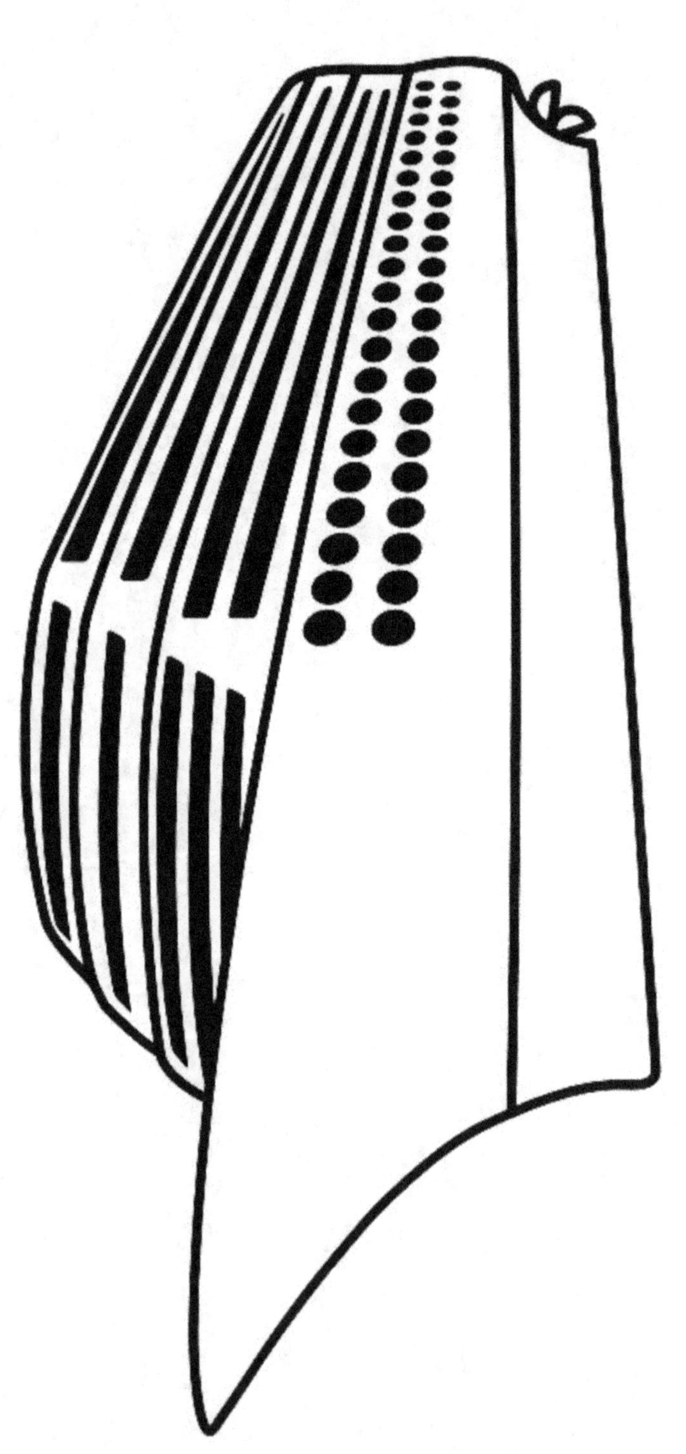

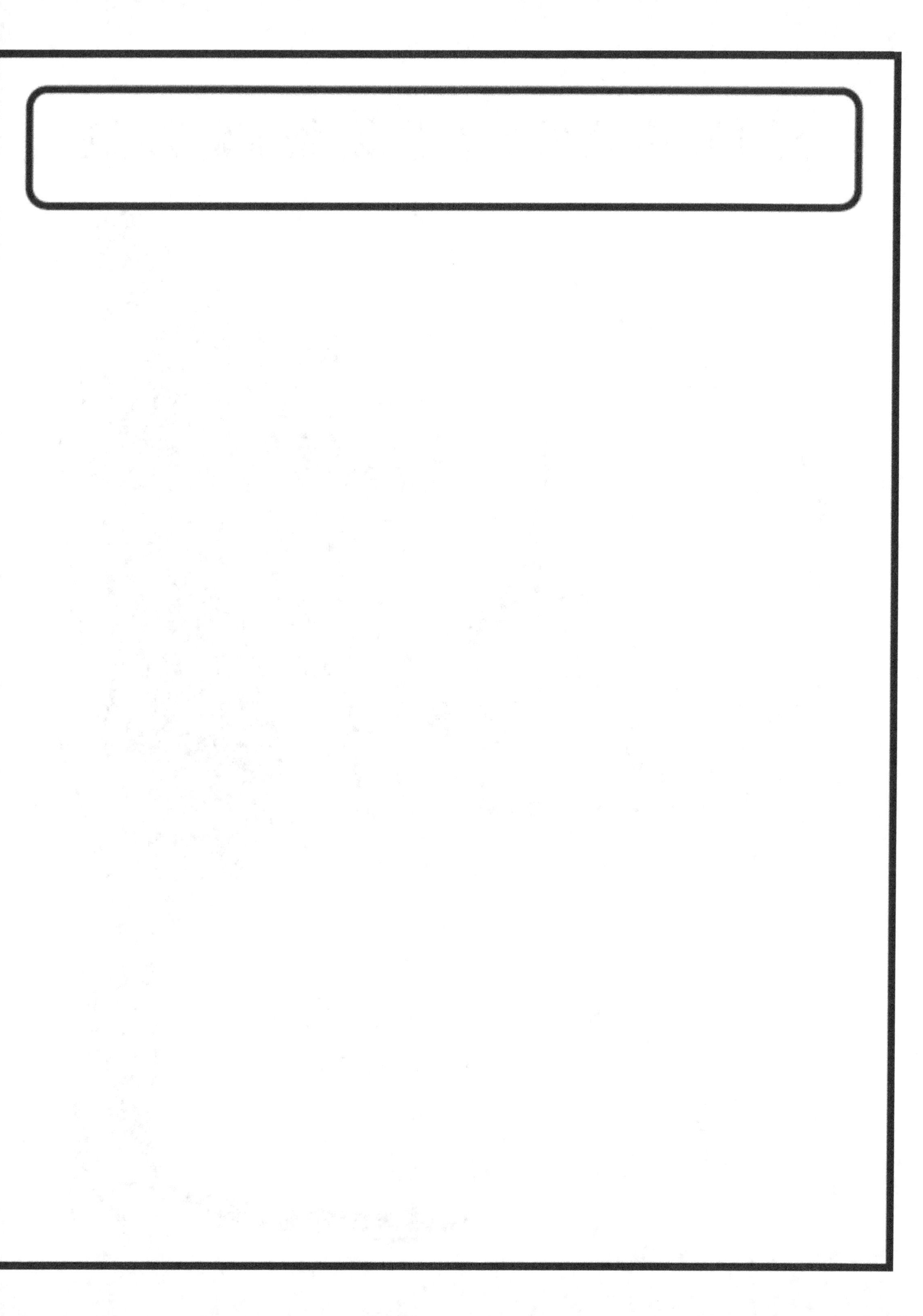

BATEAU DE CROISIÈRE LIVRE DE COLORIAGE

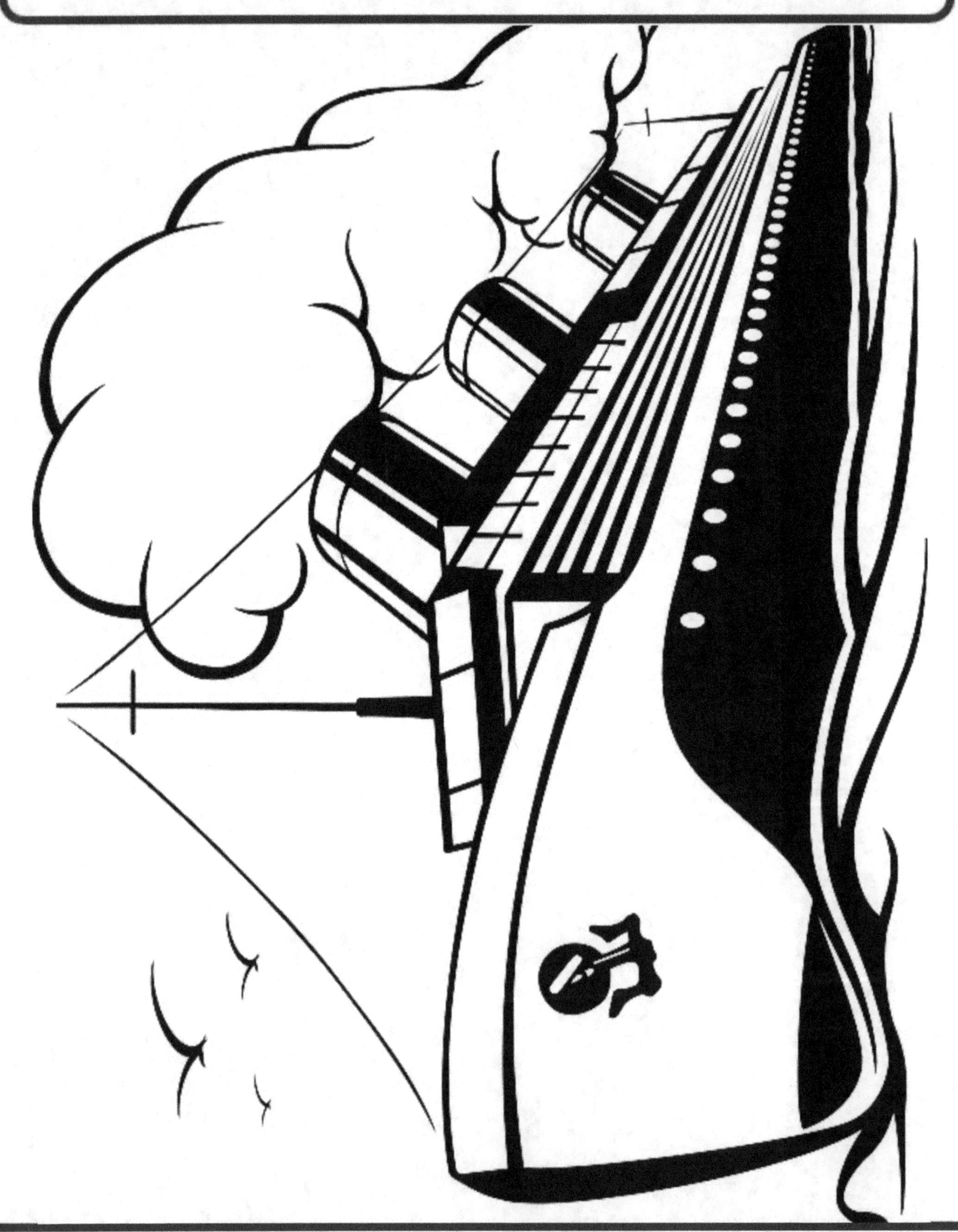

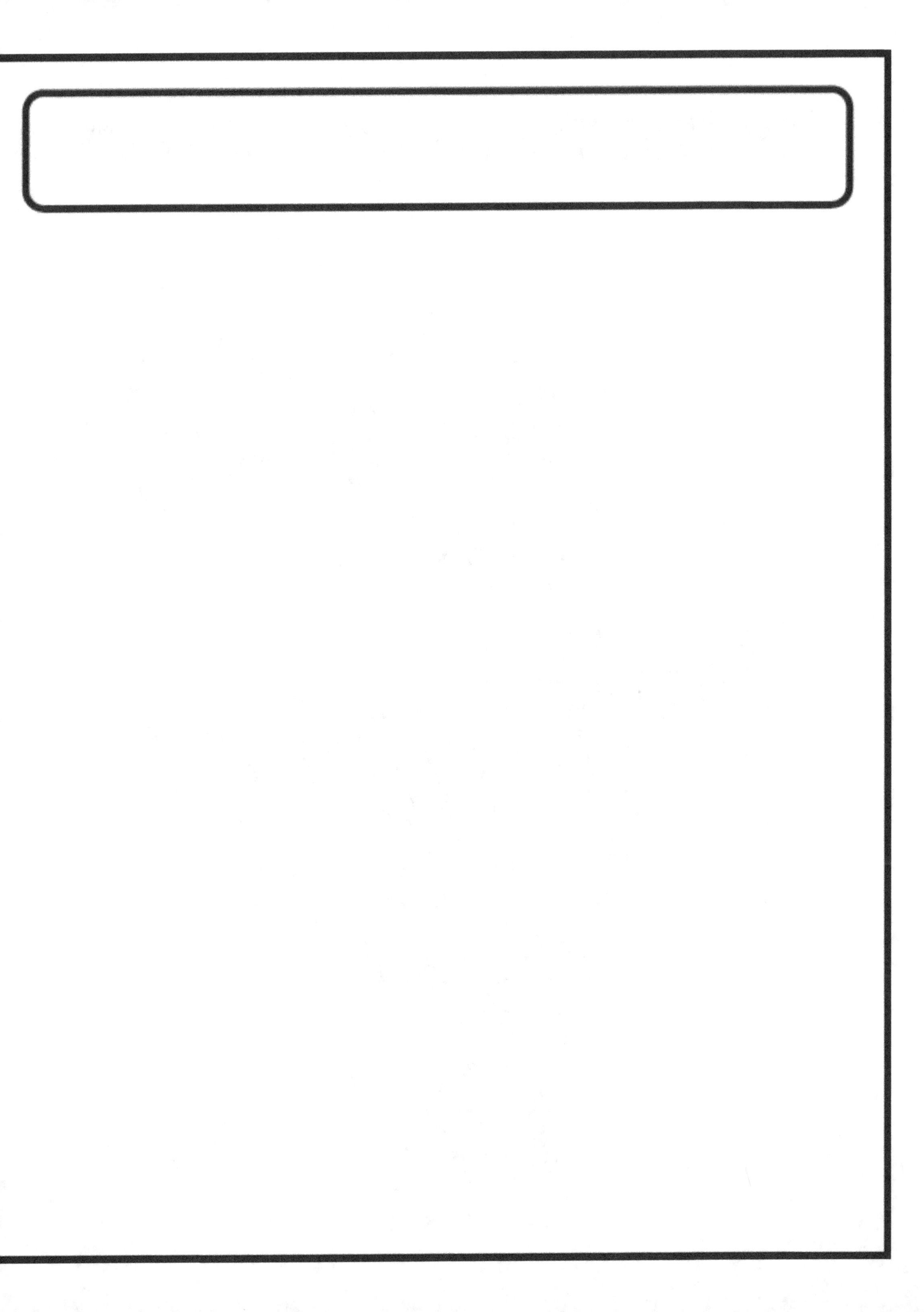

BATEAU DE CROISIÈRE LIVRE DE COLORIAGE

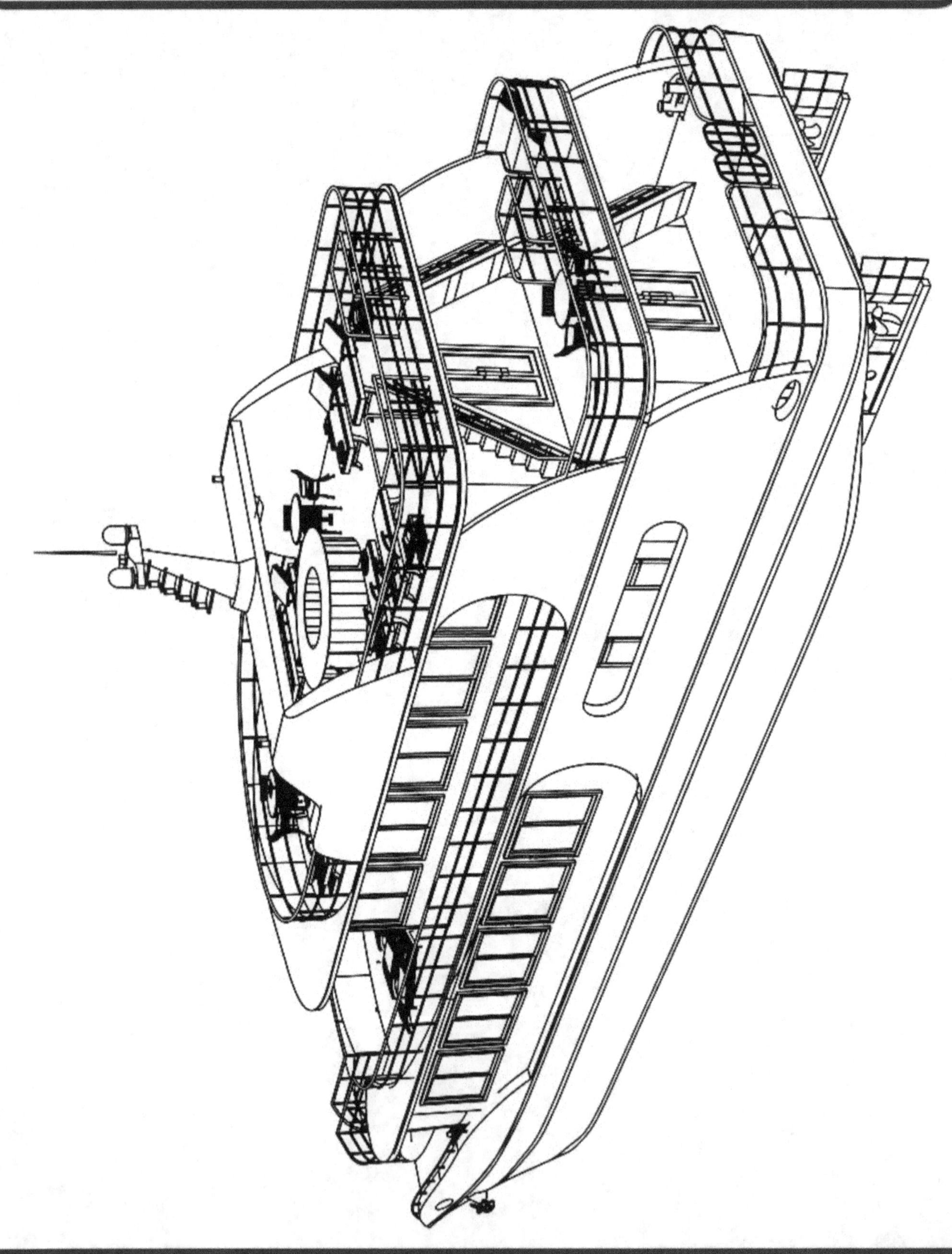

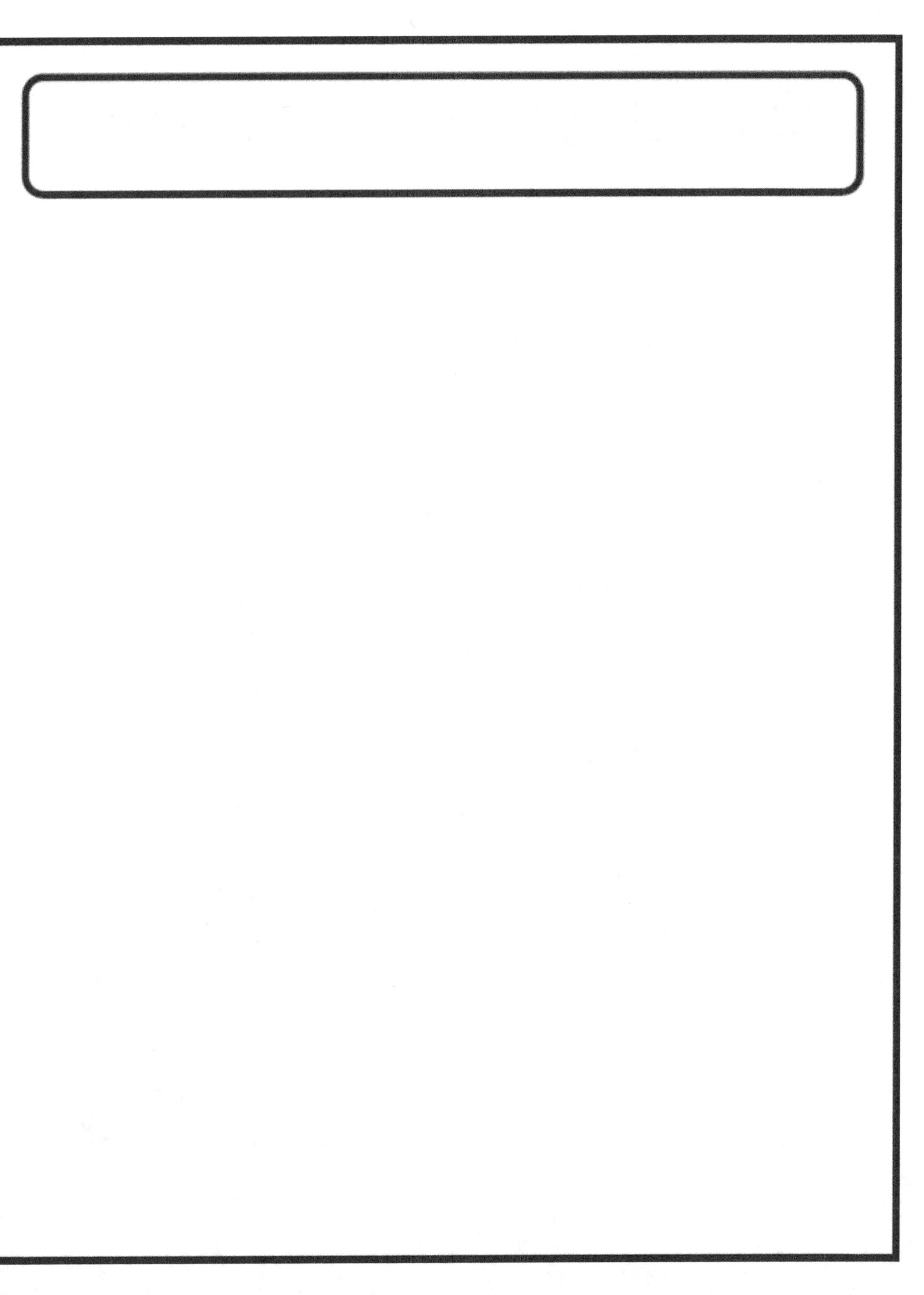

BATEAU DE CROISIÈRE LIVRE DE COLORIAGE

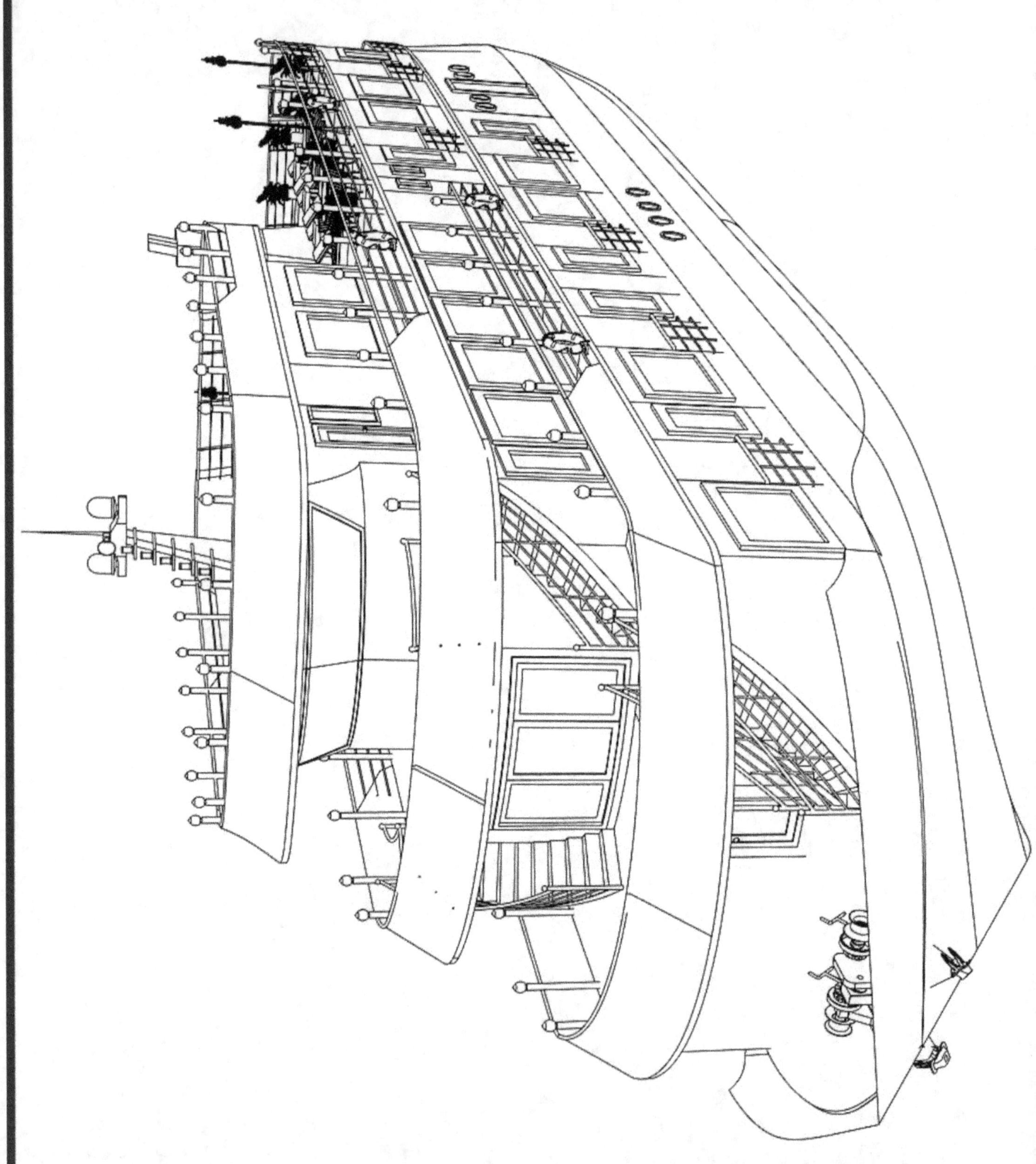

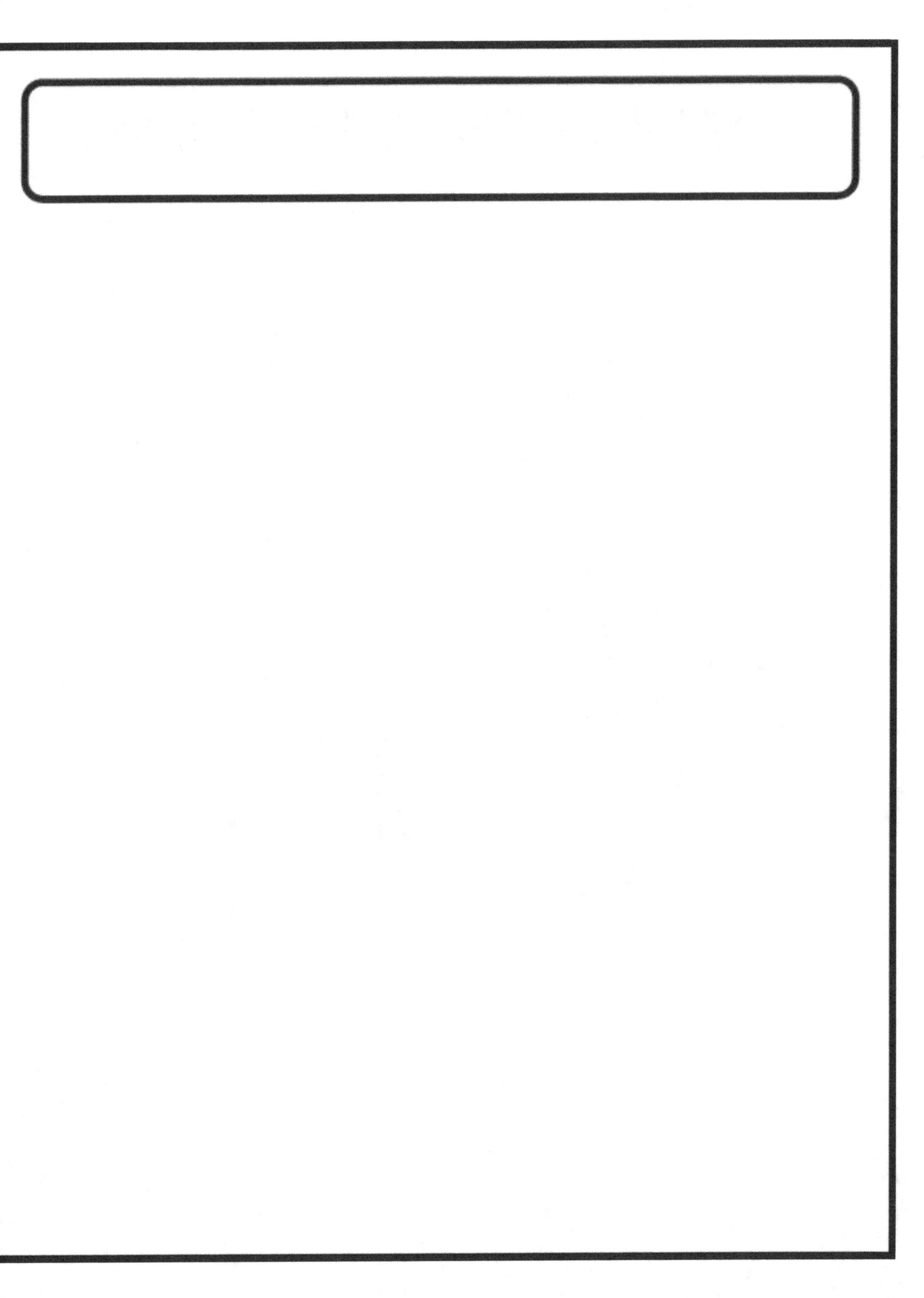

BATEAU DE CROISIÈRE LIVRE DE COLORIAGE

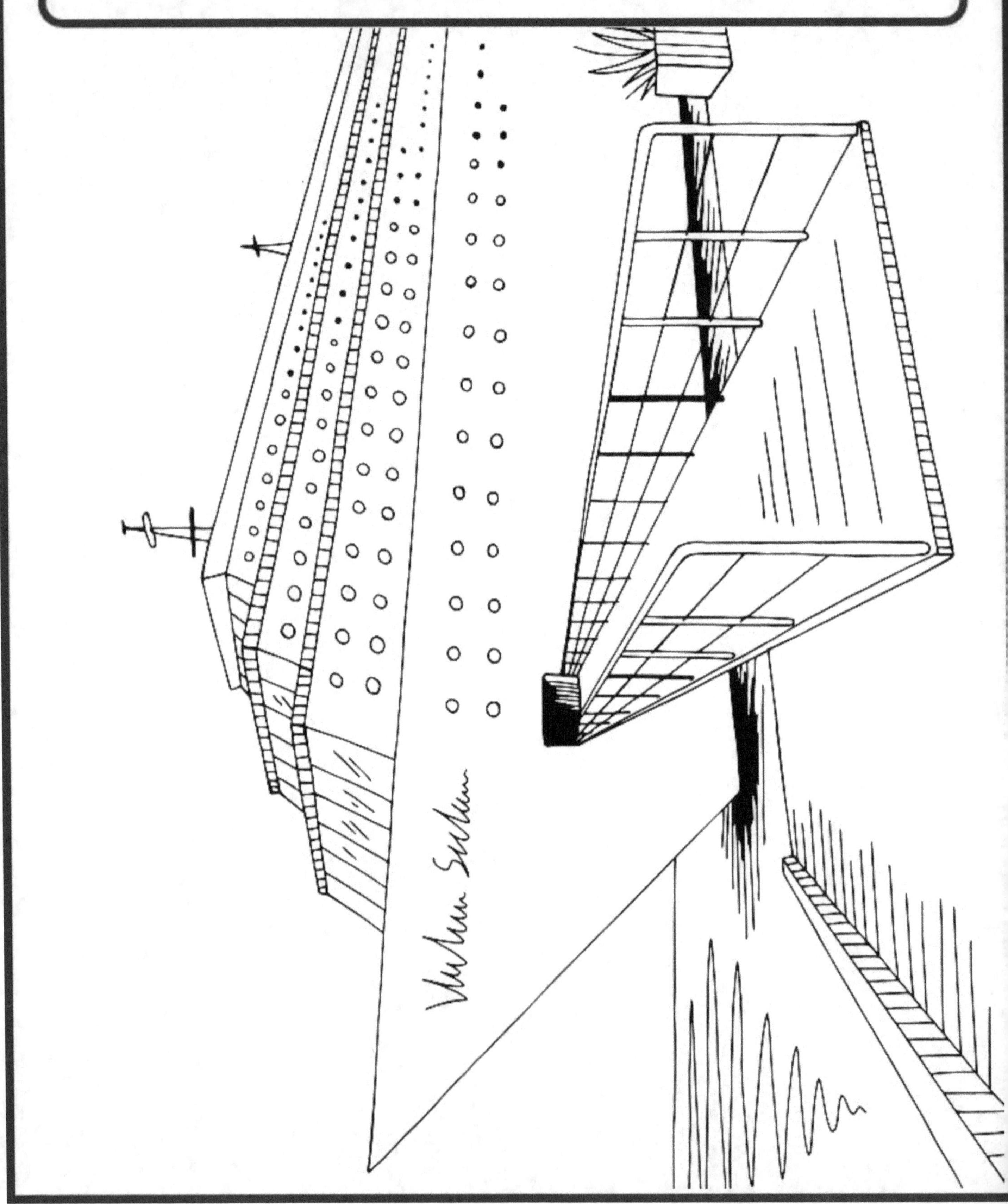

BATEAU DE CROISIÈRE LIVRE DE COLORIAGE

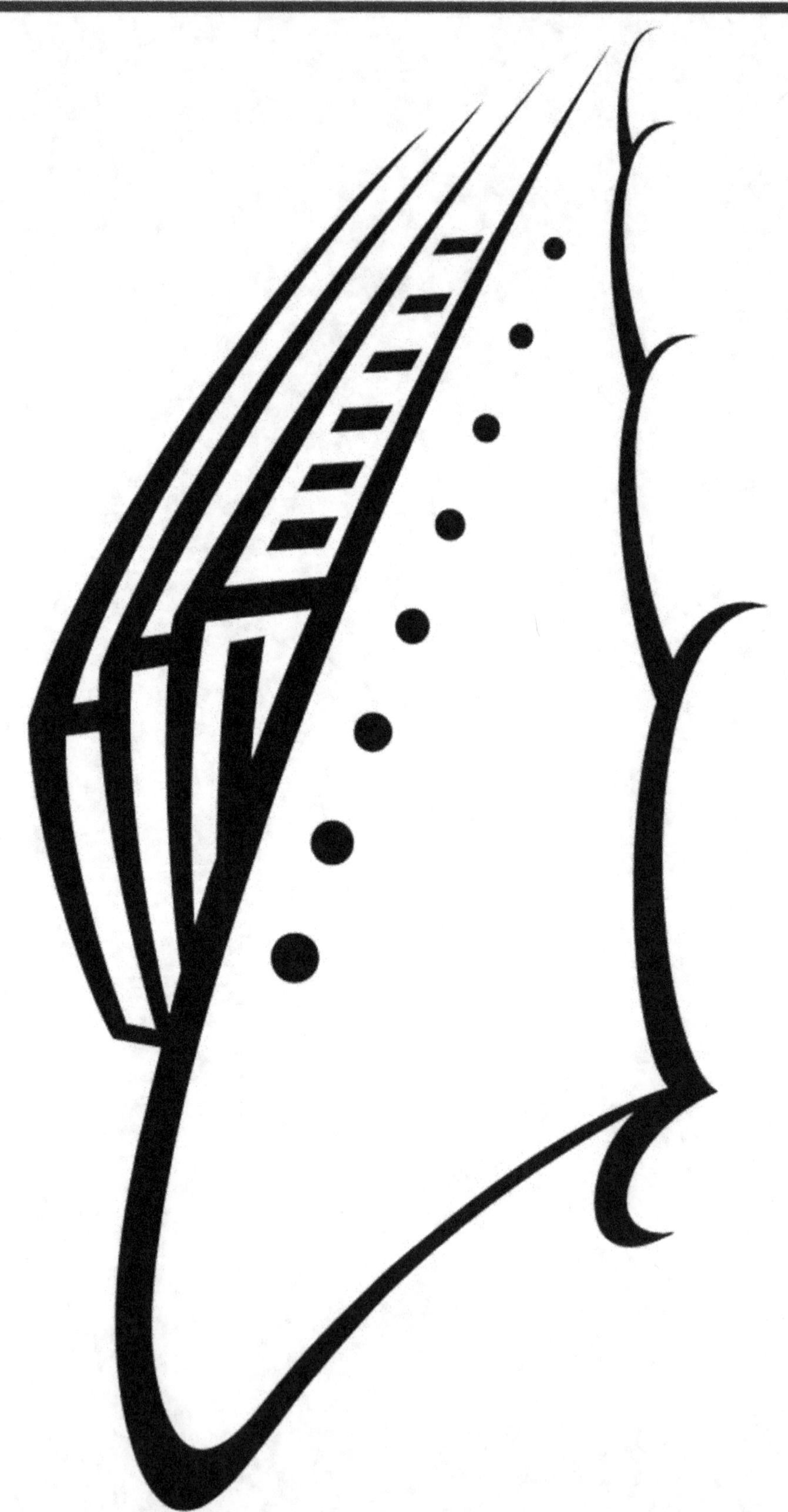

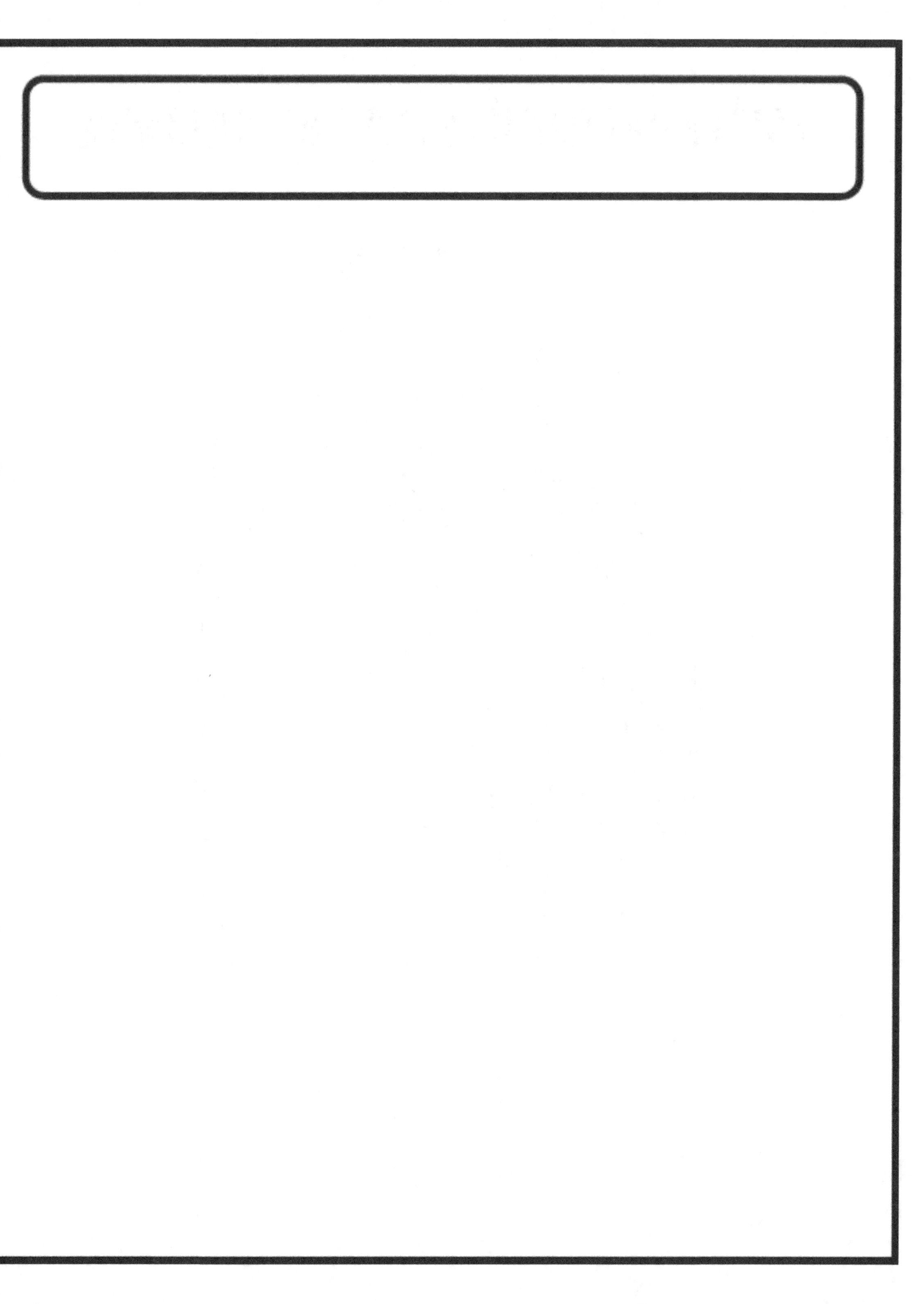

BATEAU DE CROISIÈRE LIVRE DE COLORIAGE

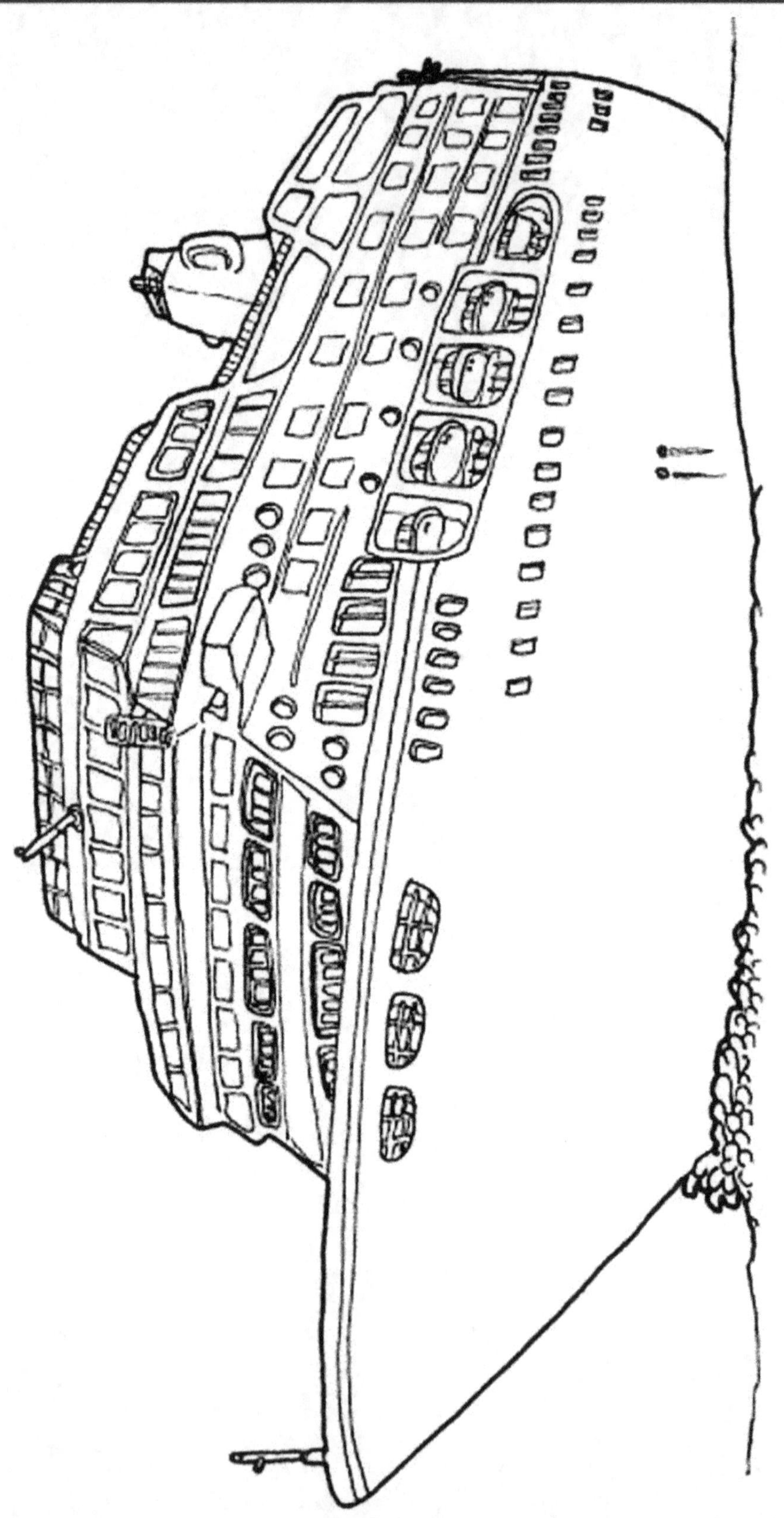

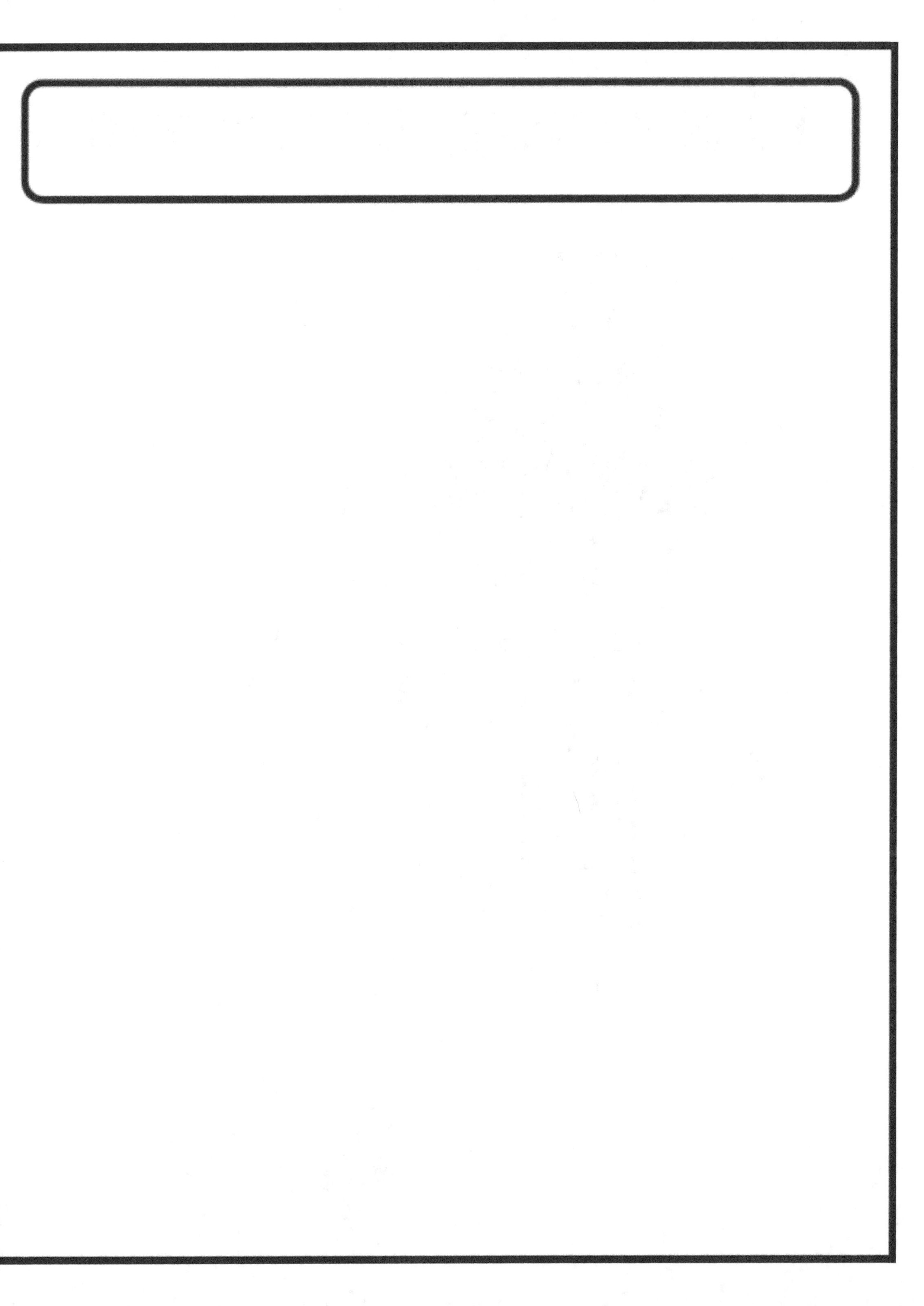

BATEAU DE CROISIÈRE LIVRE DE COLORIAGE

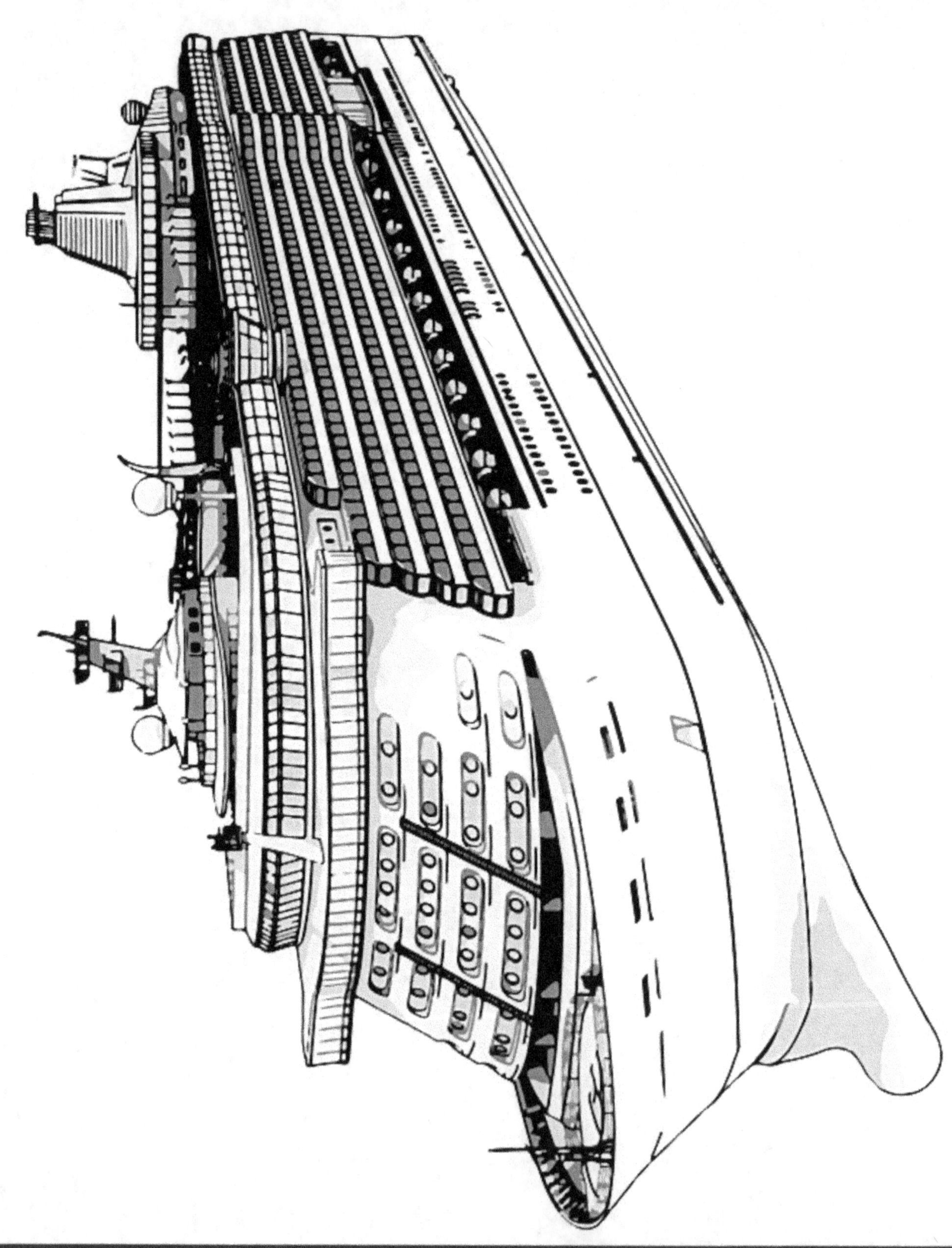

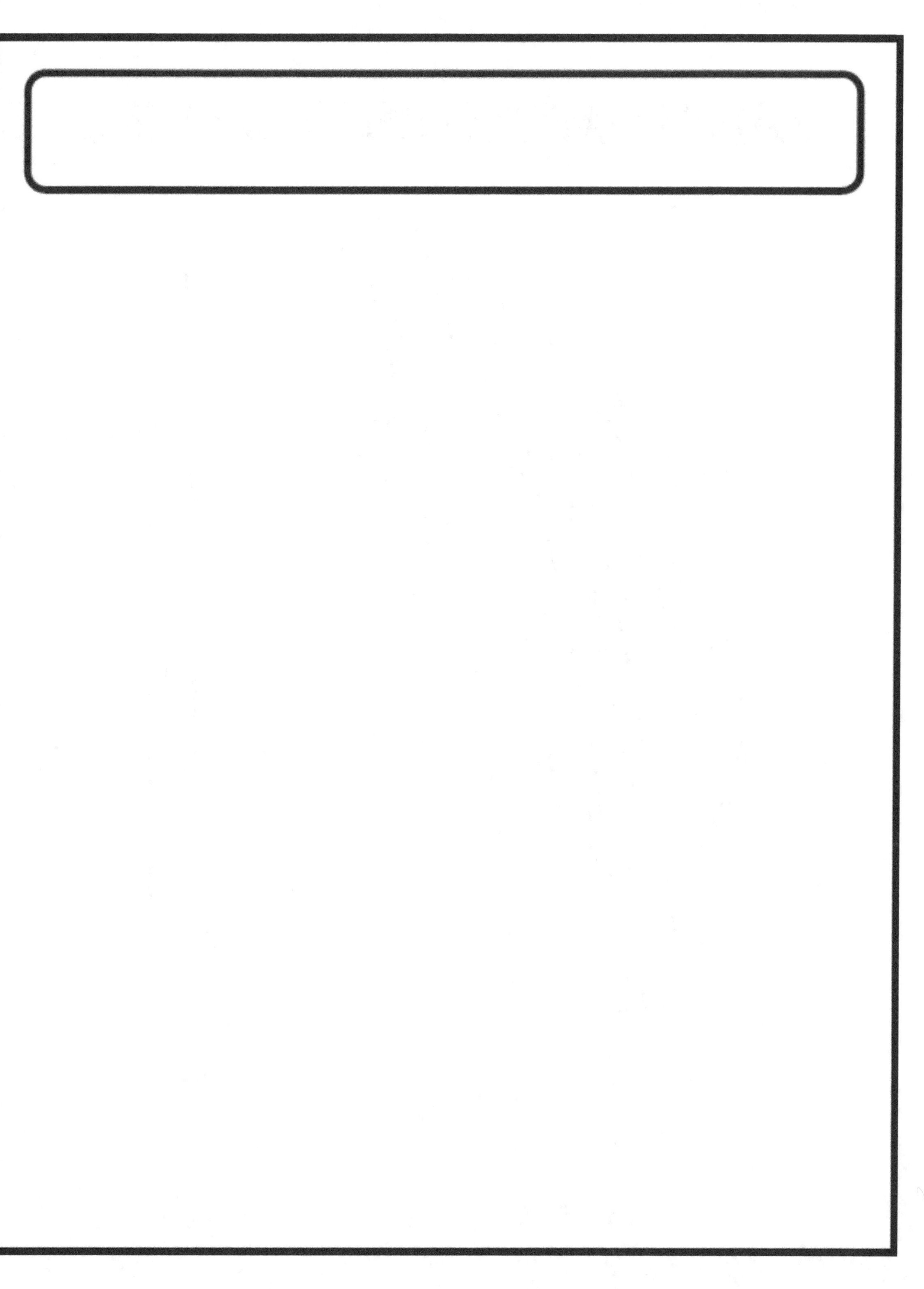

BATEAU DE CROISIÈRE LIVRE DE COLORIAGE

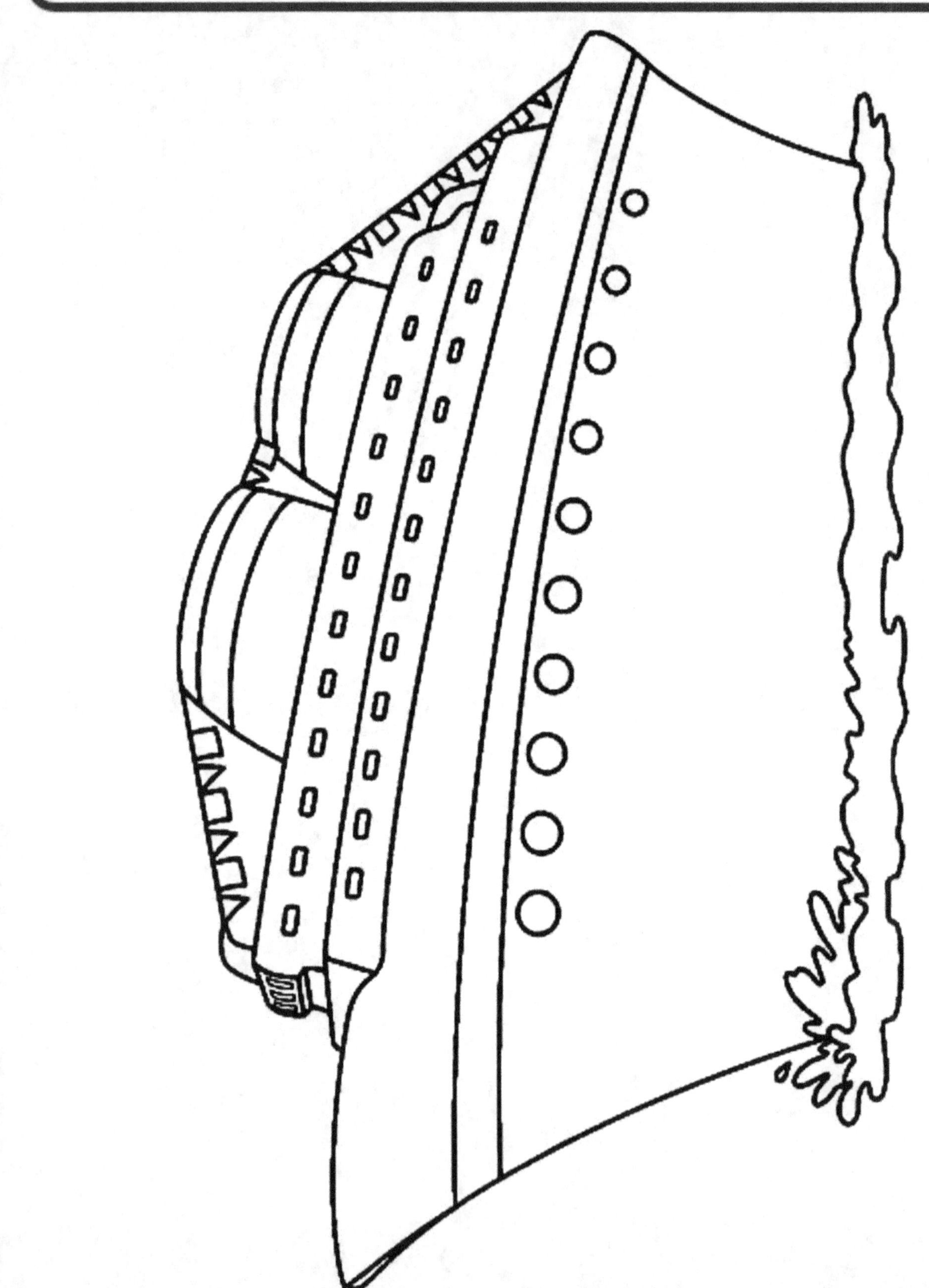

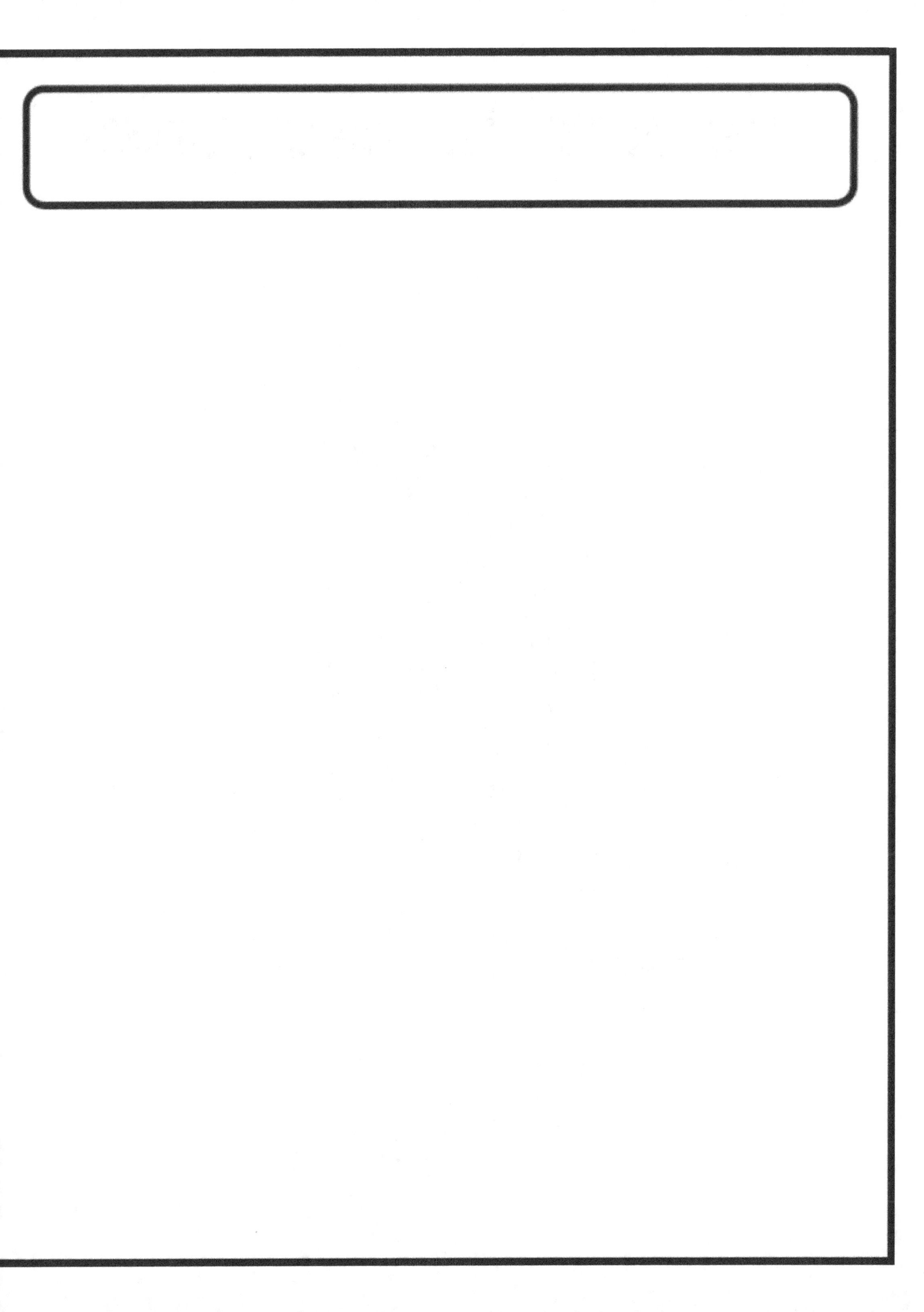

BATEAU DE CROISIÈRE LIVRE DE COLORIAGE

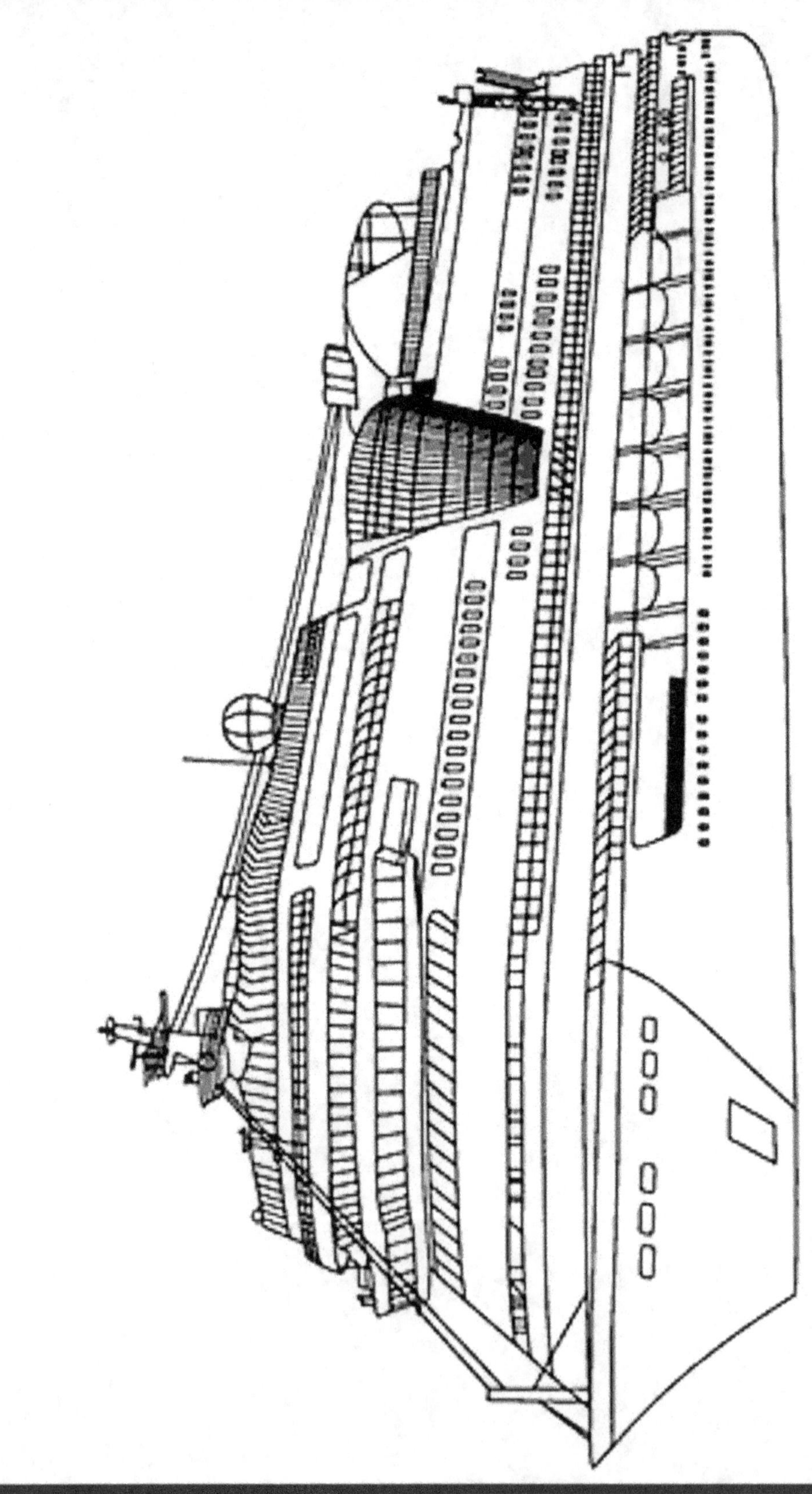

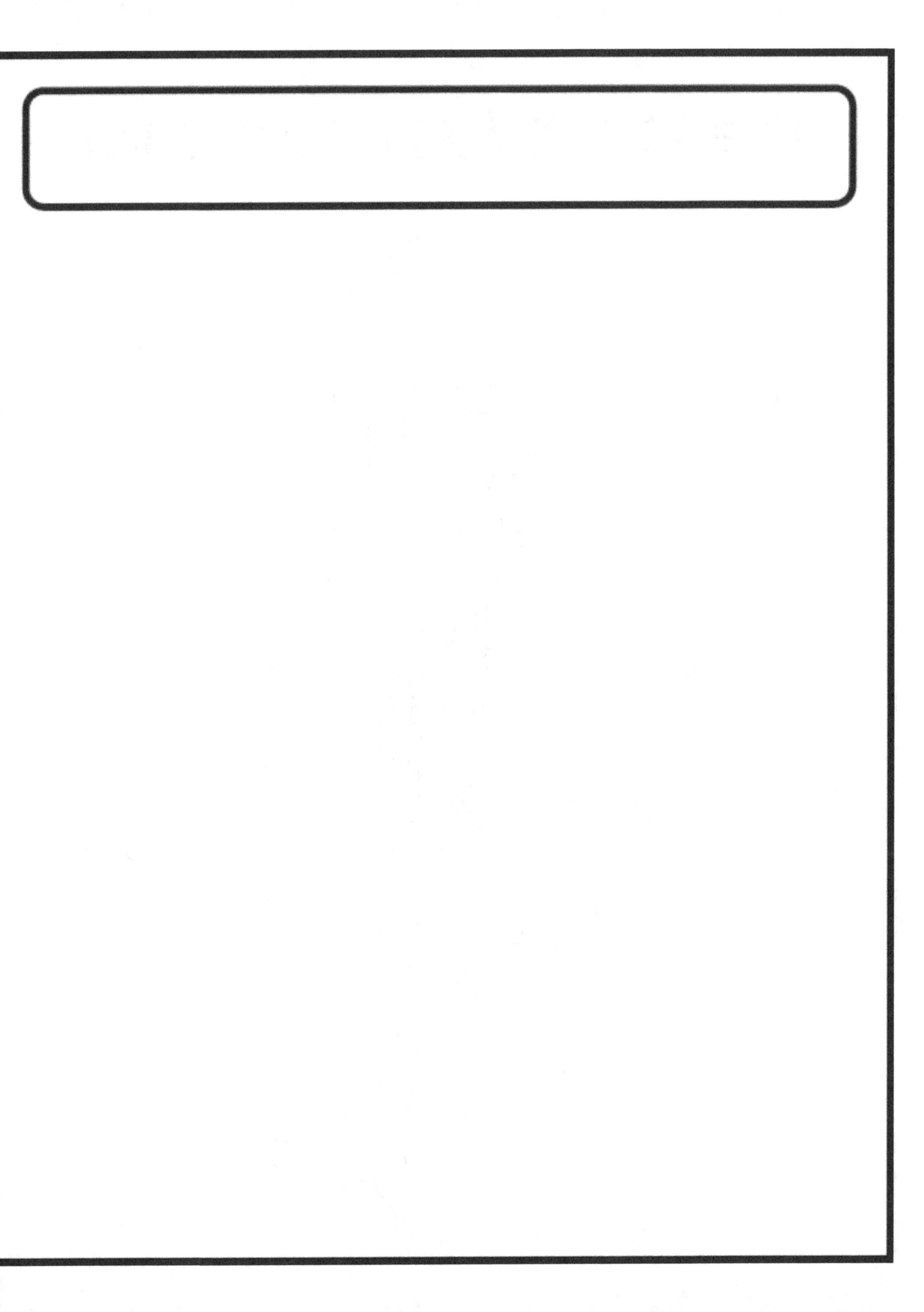

BATEAU DE CROISIÈRE LIVRE DE COLORIAGE

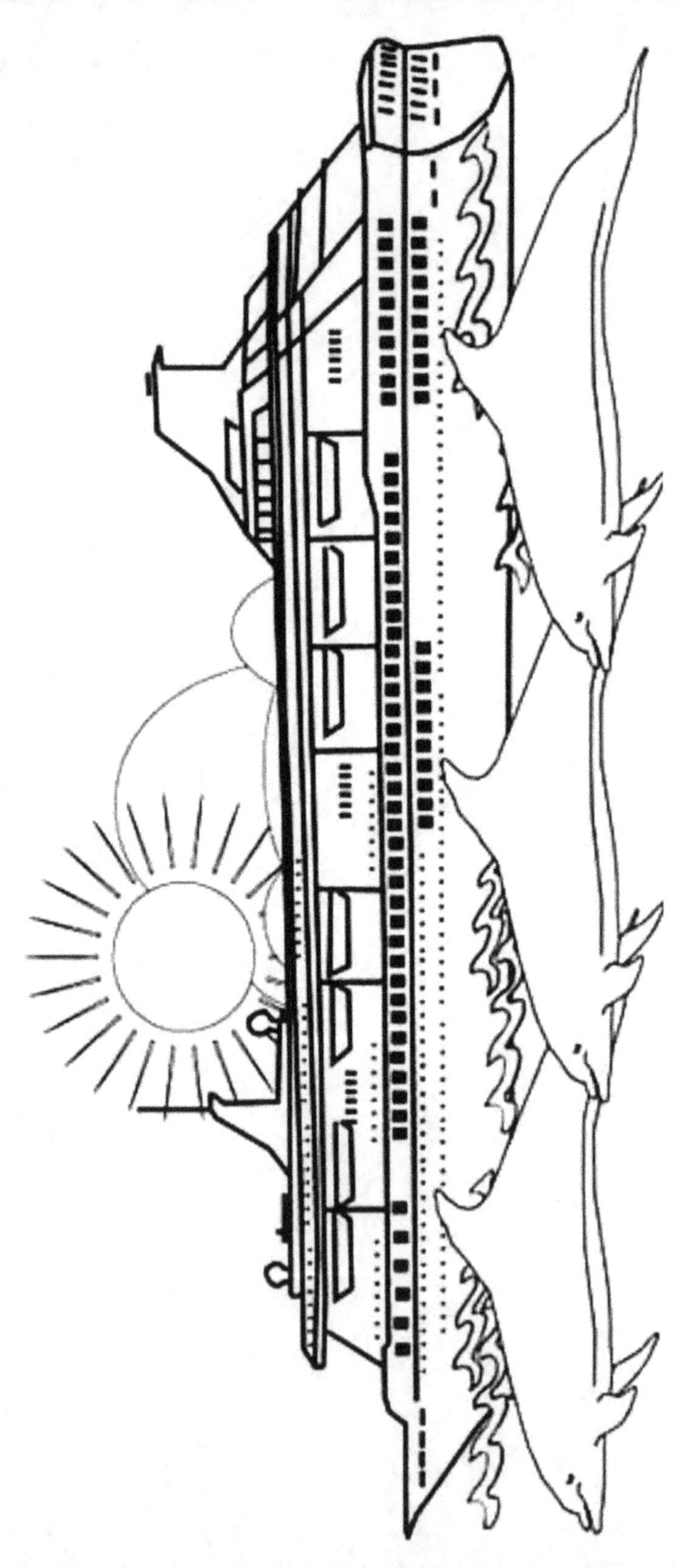

BATEAU DE CROISIÈRE LIVRE DE COLORIAGE

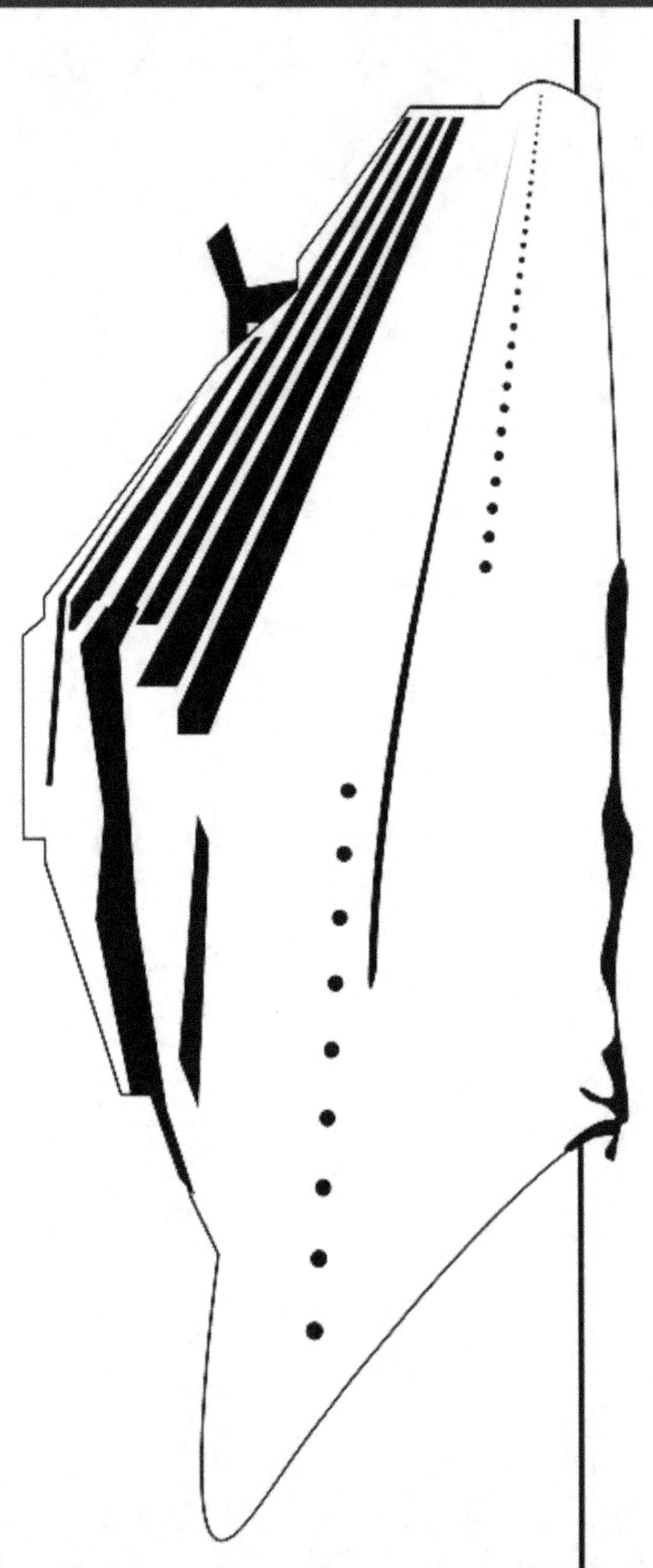

BATEAU DE CROISIÈRE LIVRE DE COLORIAGE

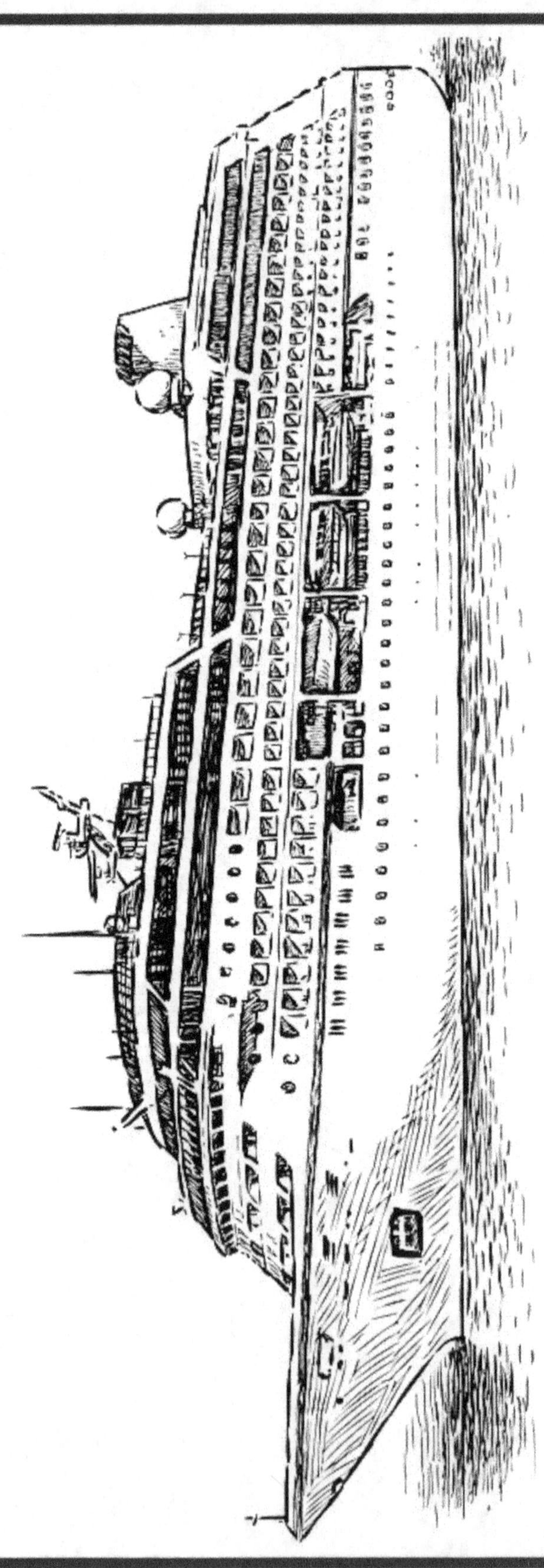

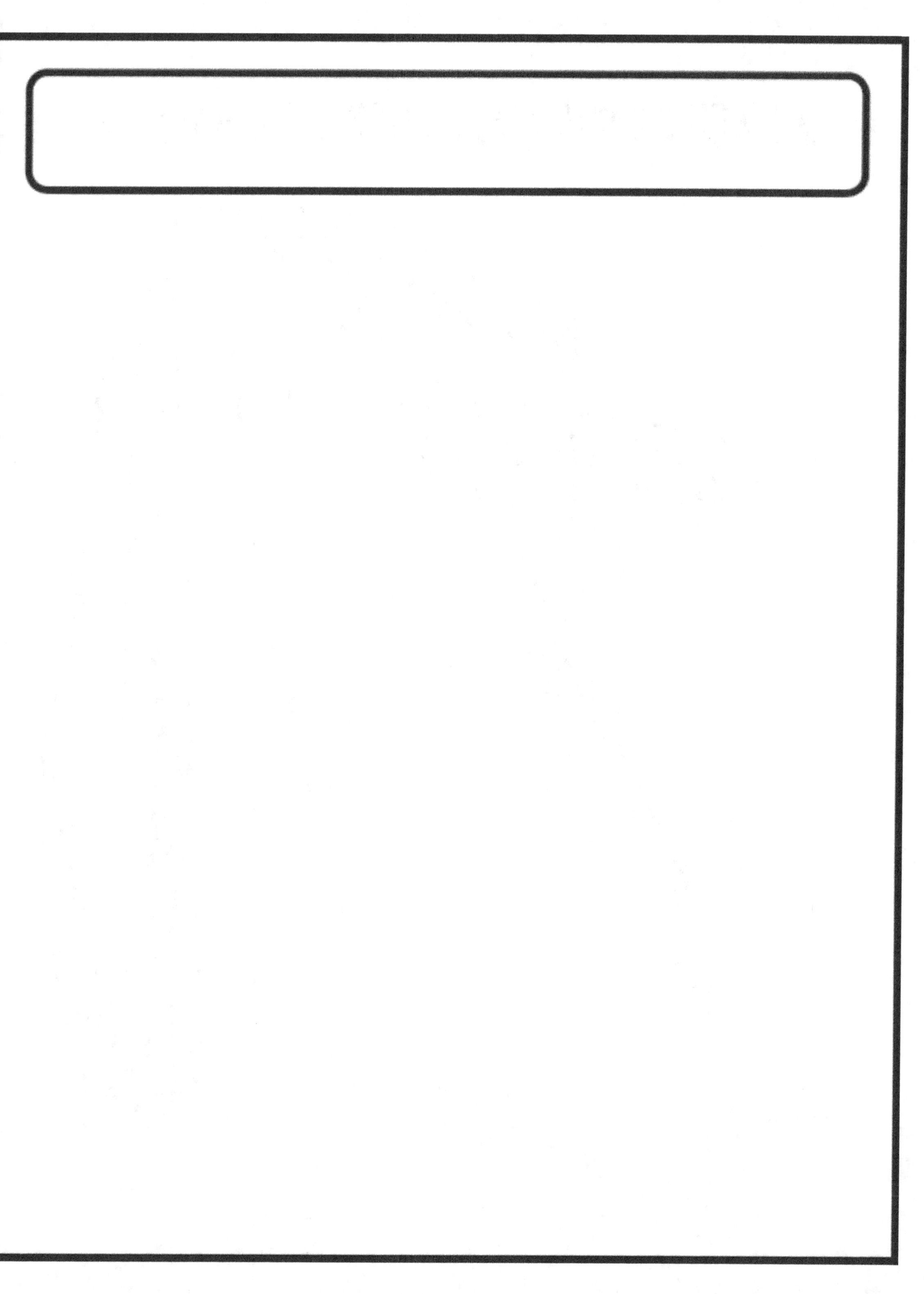

BATEAU DE CROISIÈRE LIVRE DE COLORIAGE

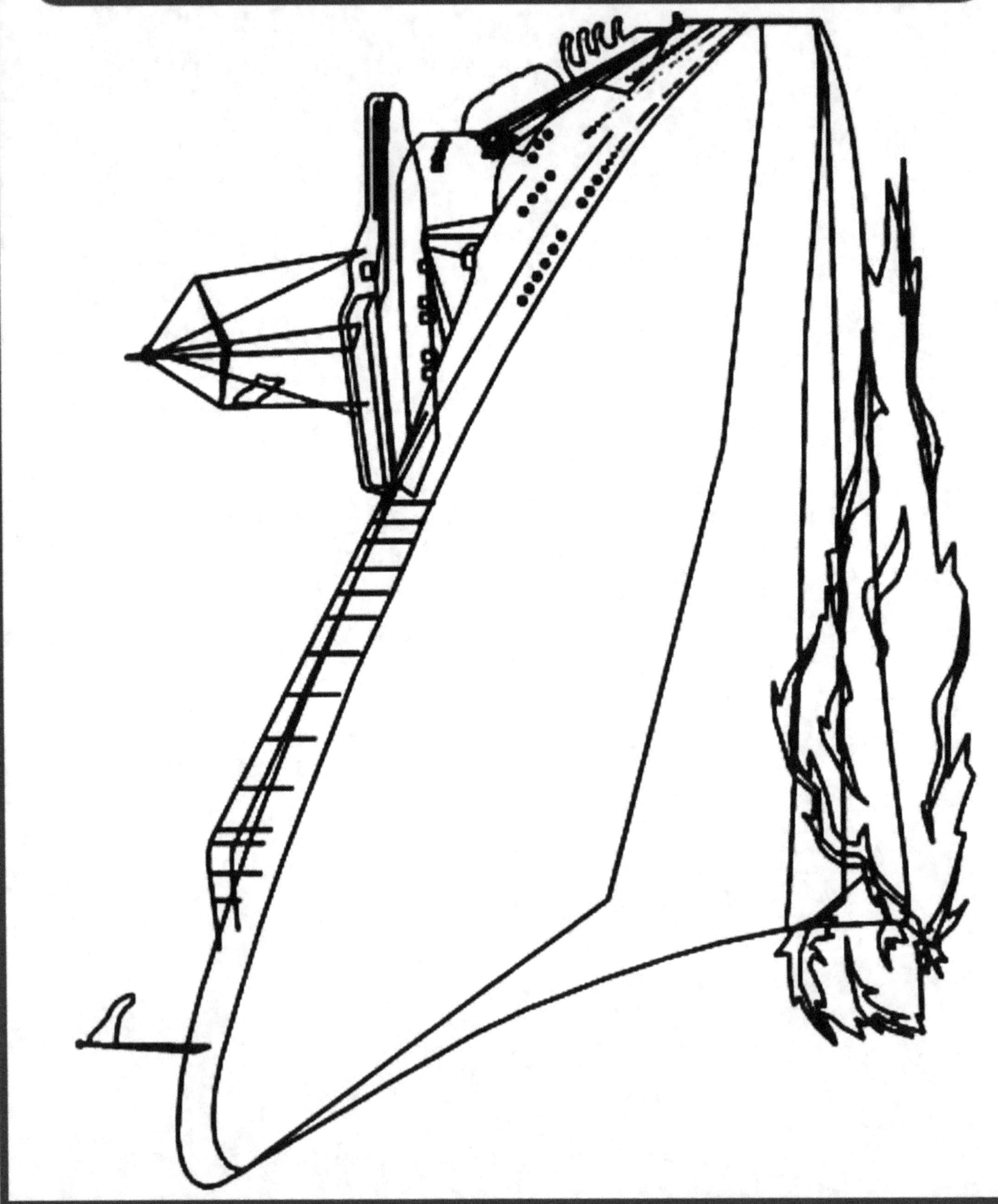

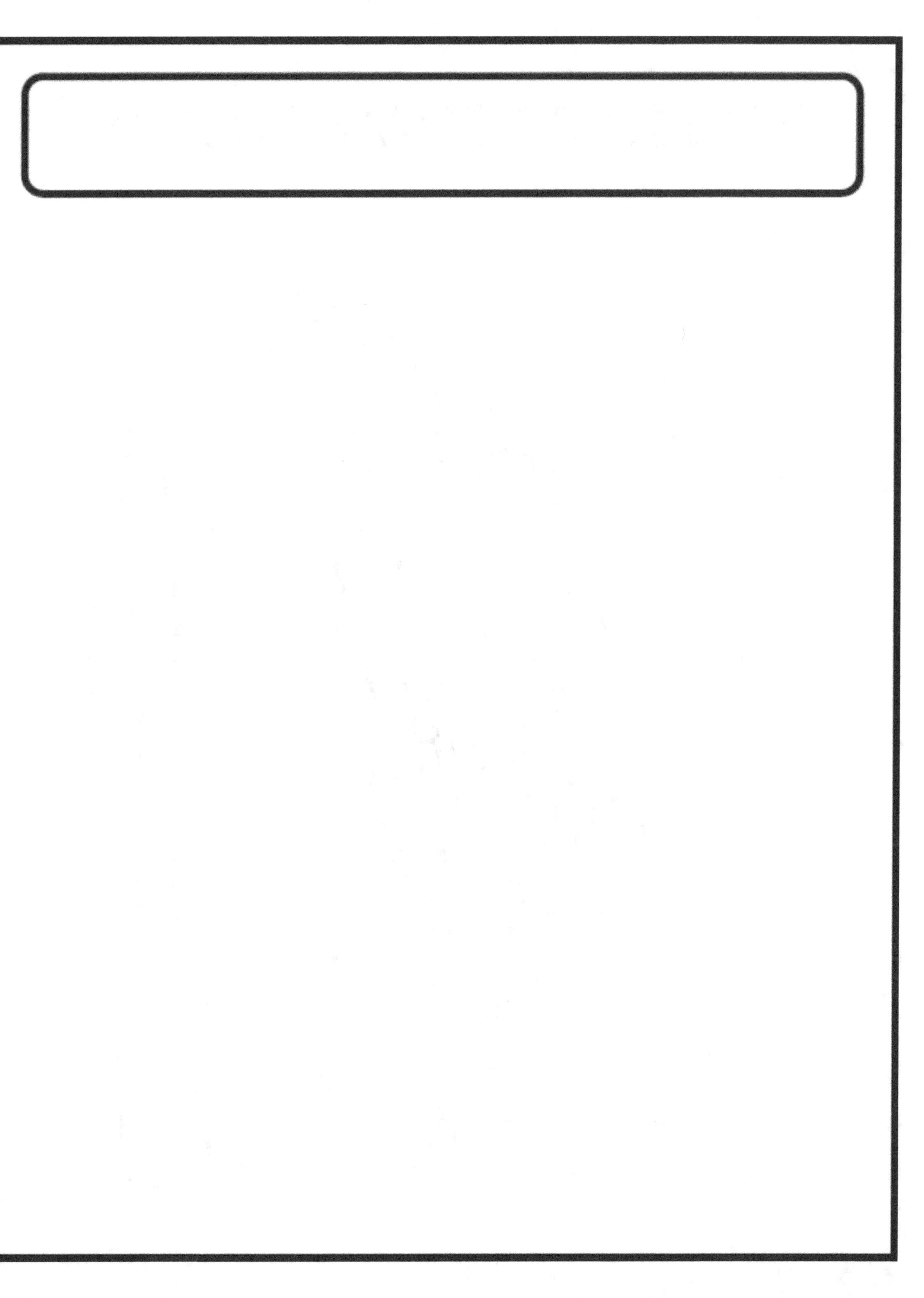

BATEAU DE CROISIÈRE LIVRE DE COLORIAGE

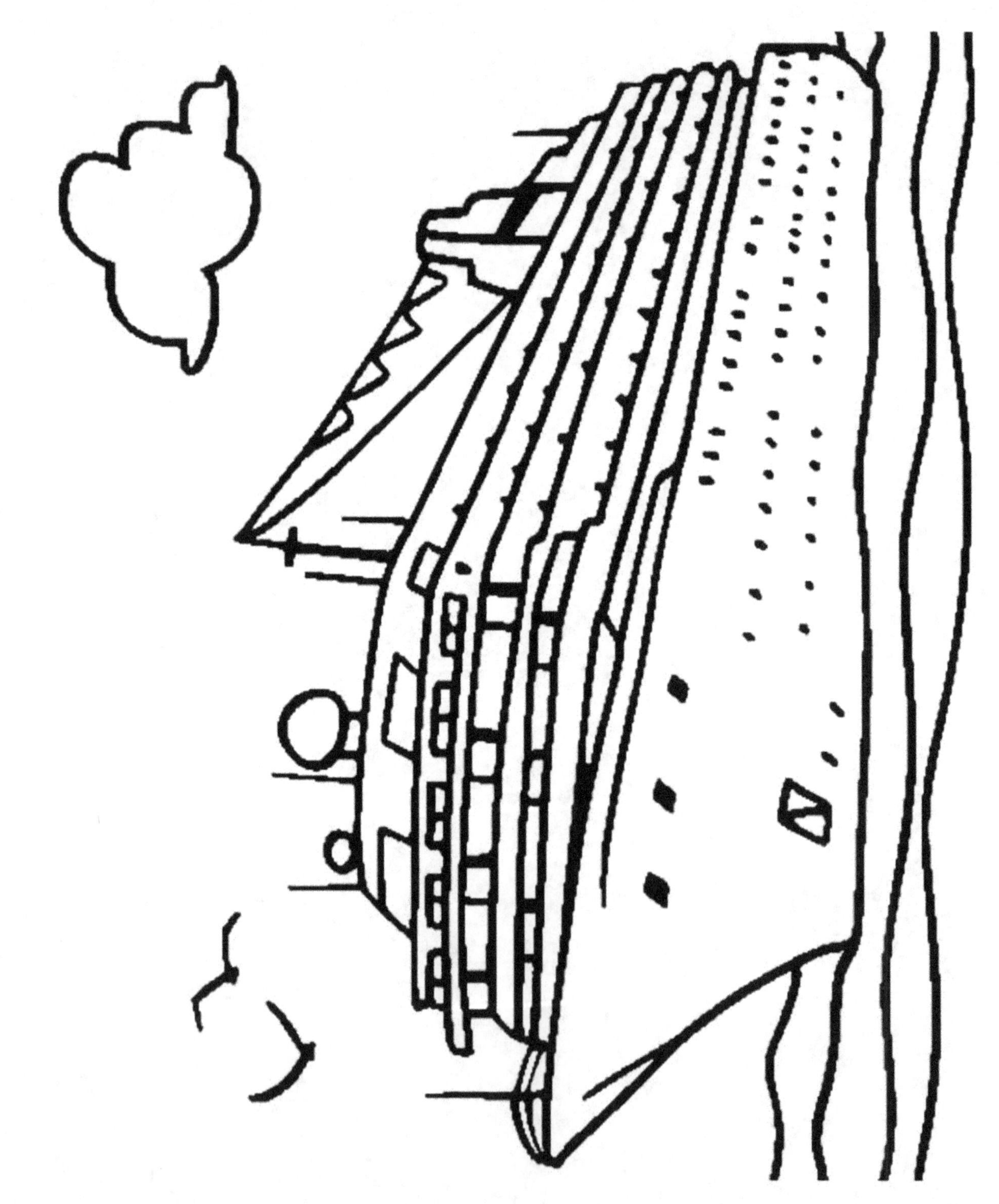

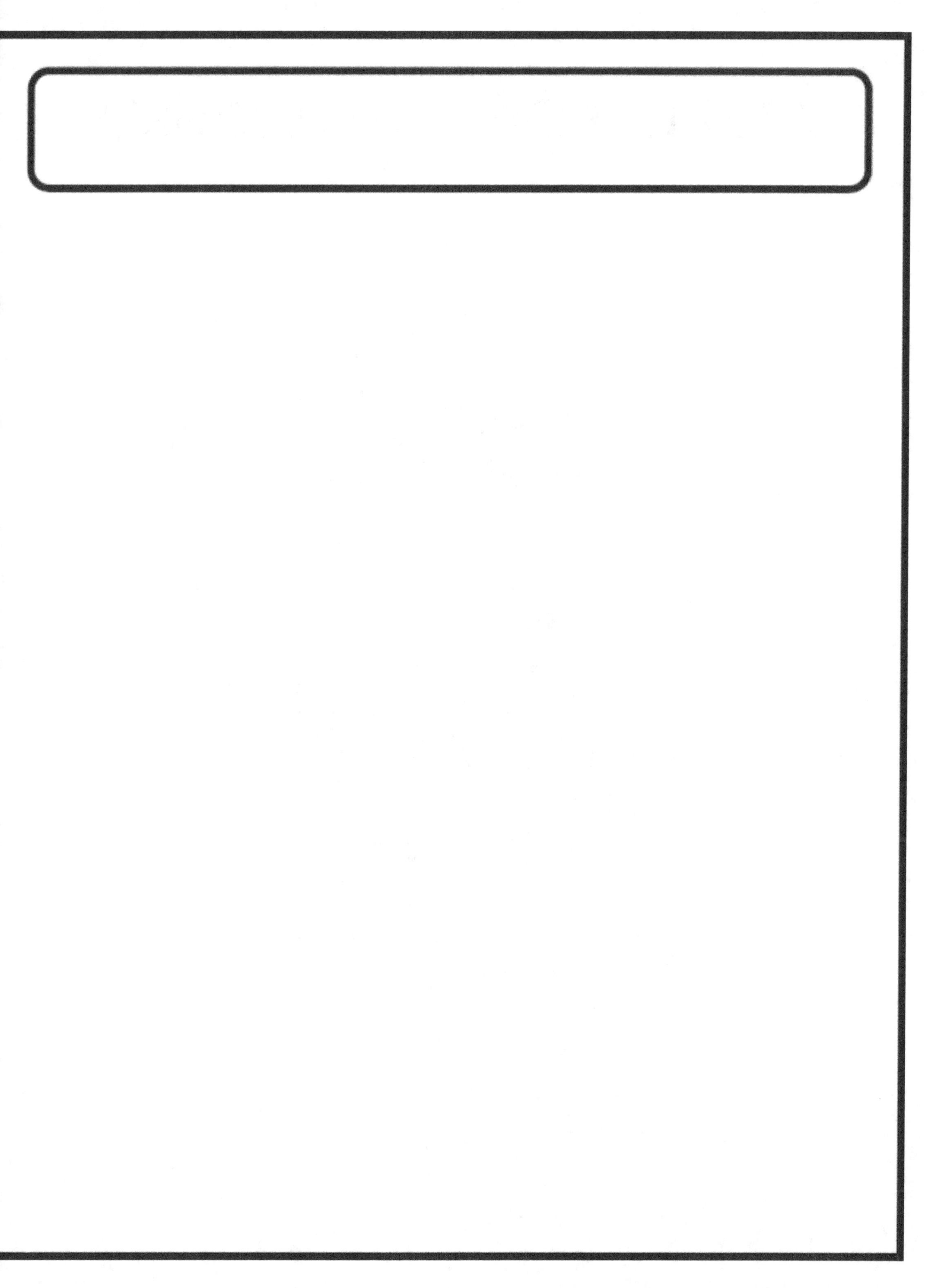

BATEAU DE CROISIÈRE LIVRE DE COLORIAGE

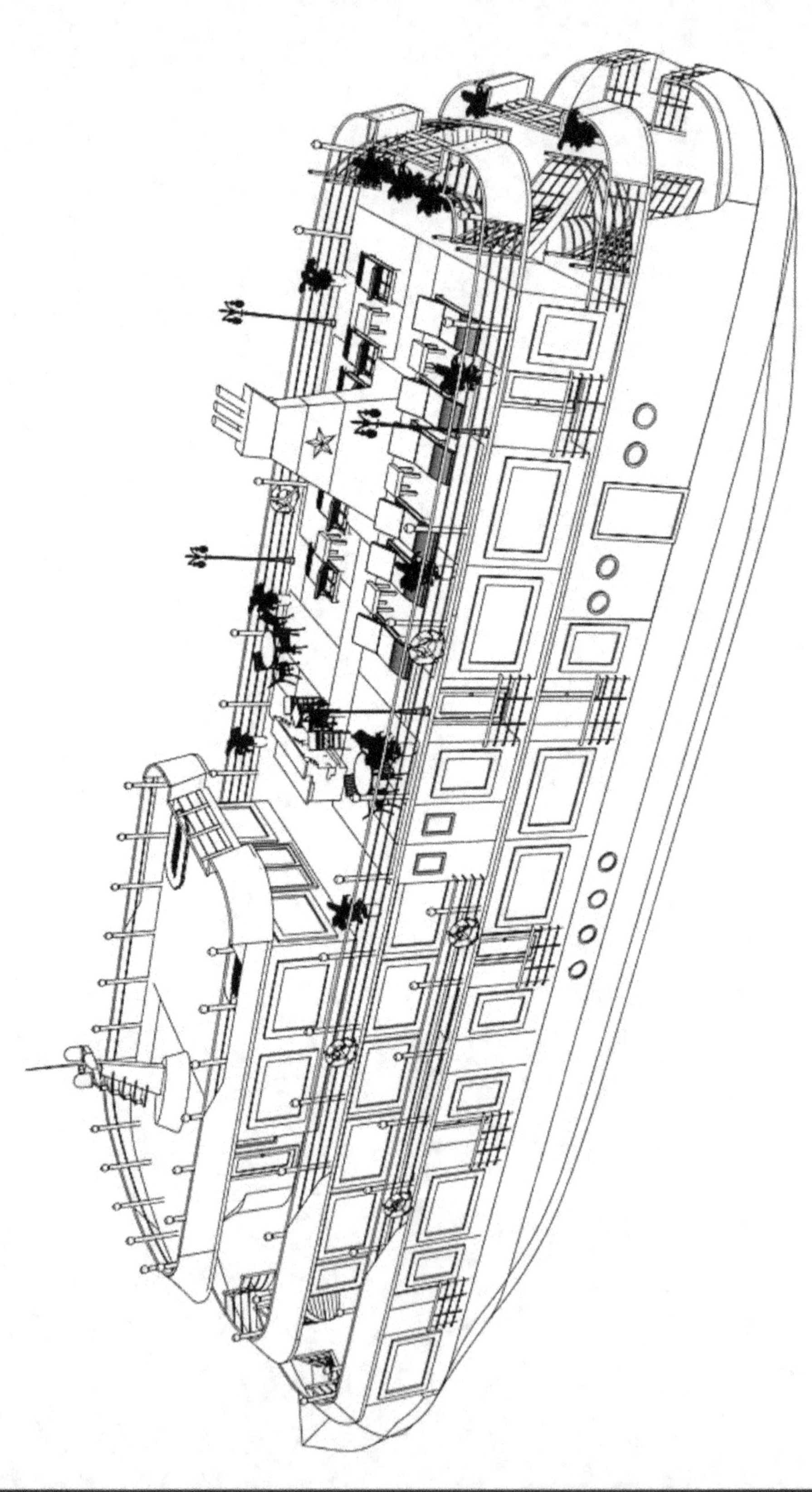

BATEAU DE CROISIÈRE LIVRE DE COLORIAGE

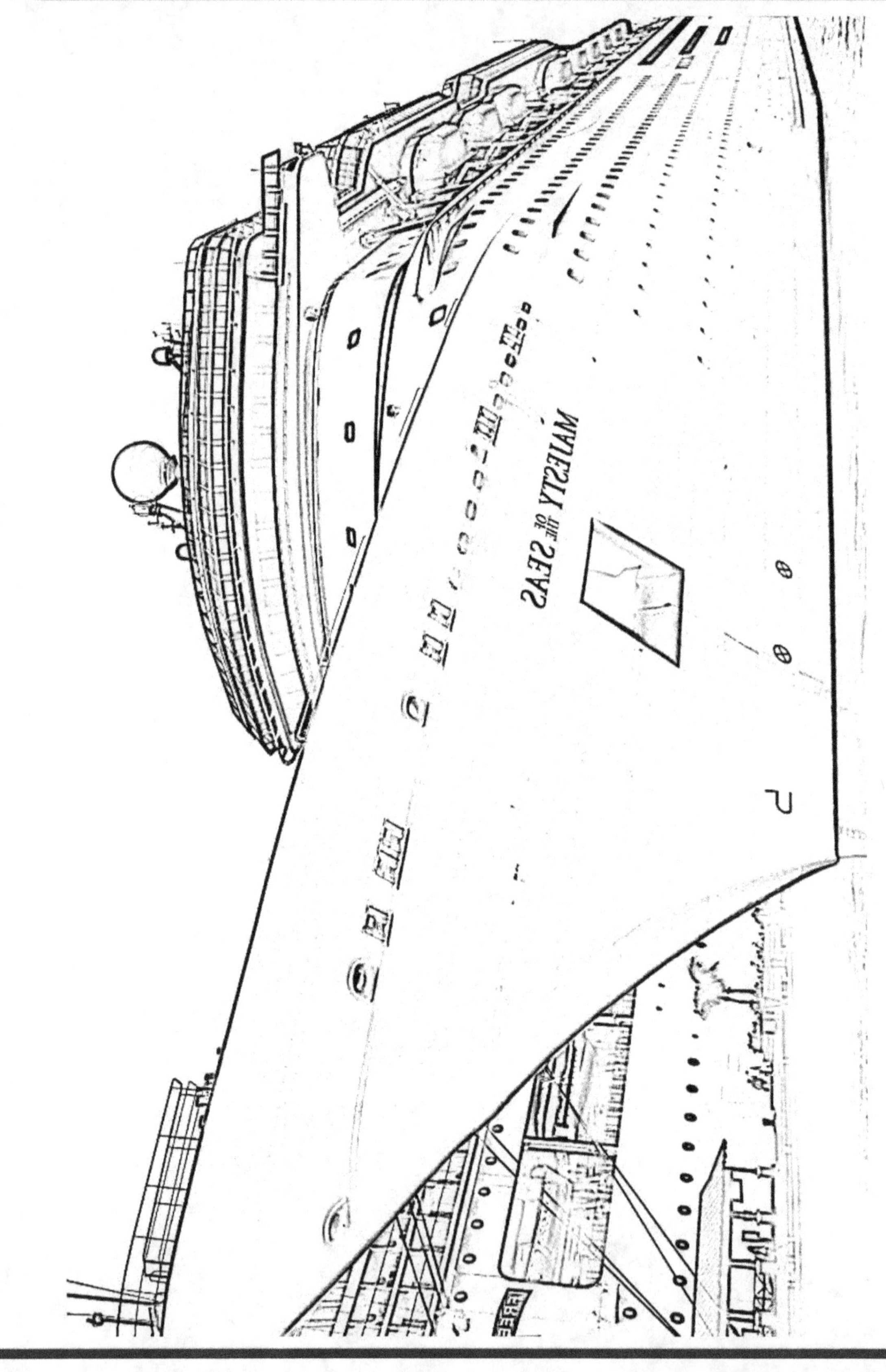

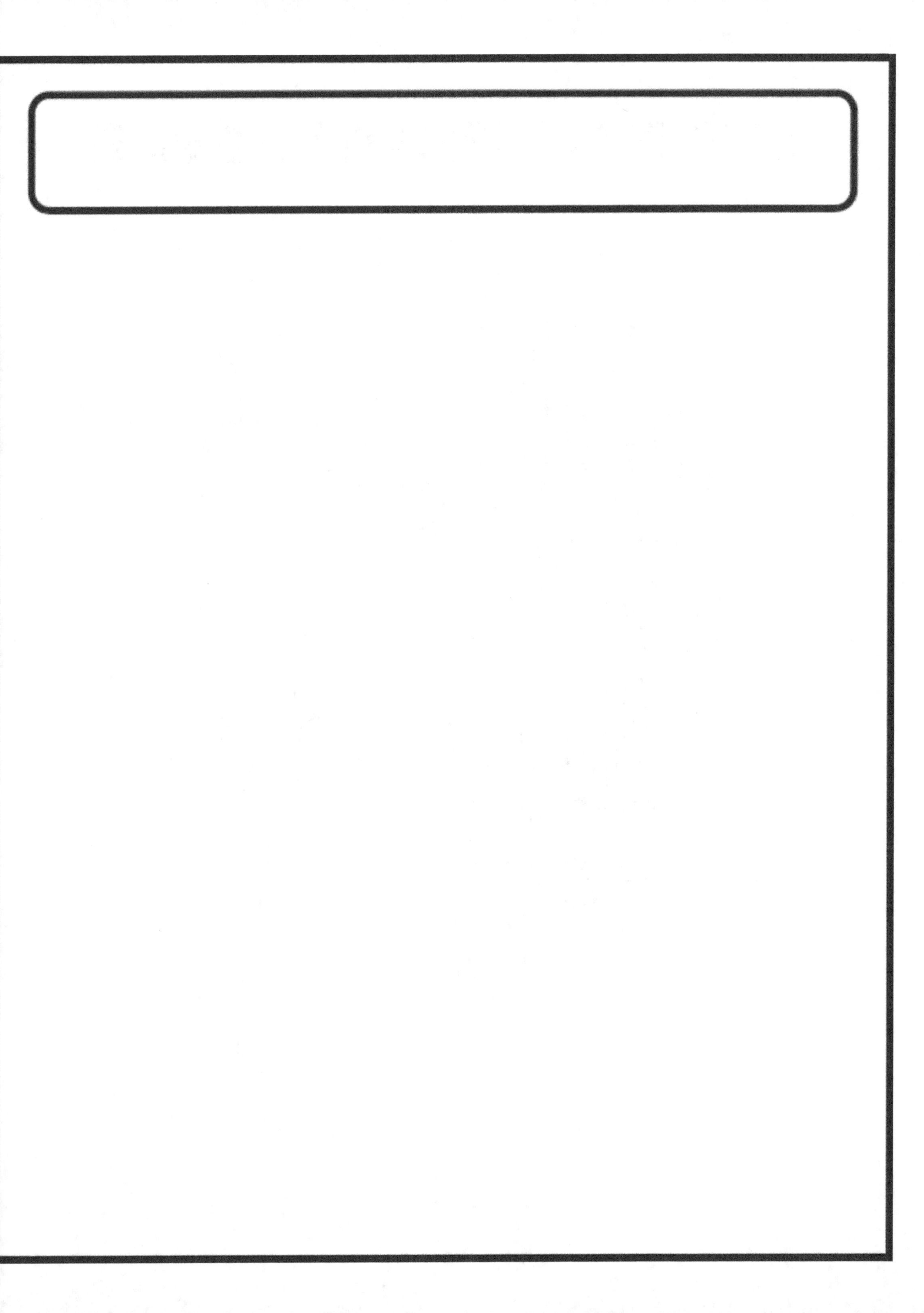

BATEAU DE CROISIÈRE LIVRE DE COLORIAGE

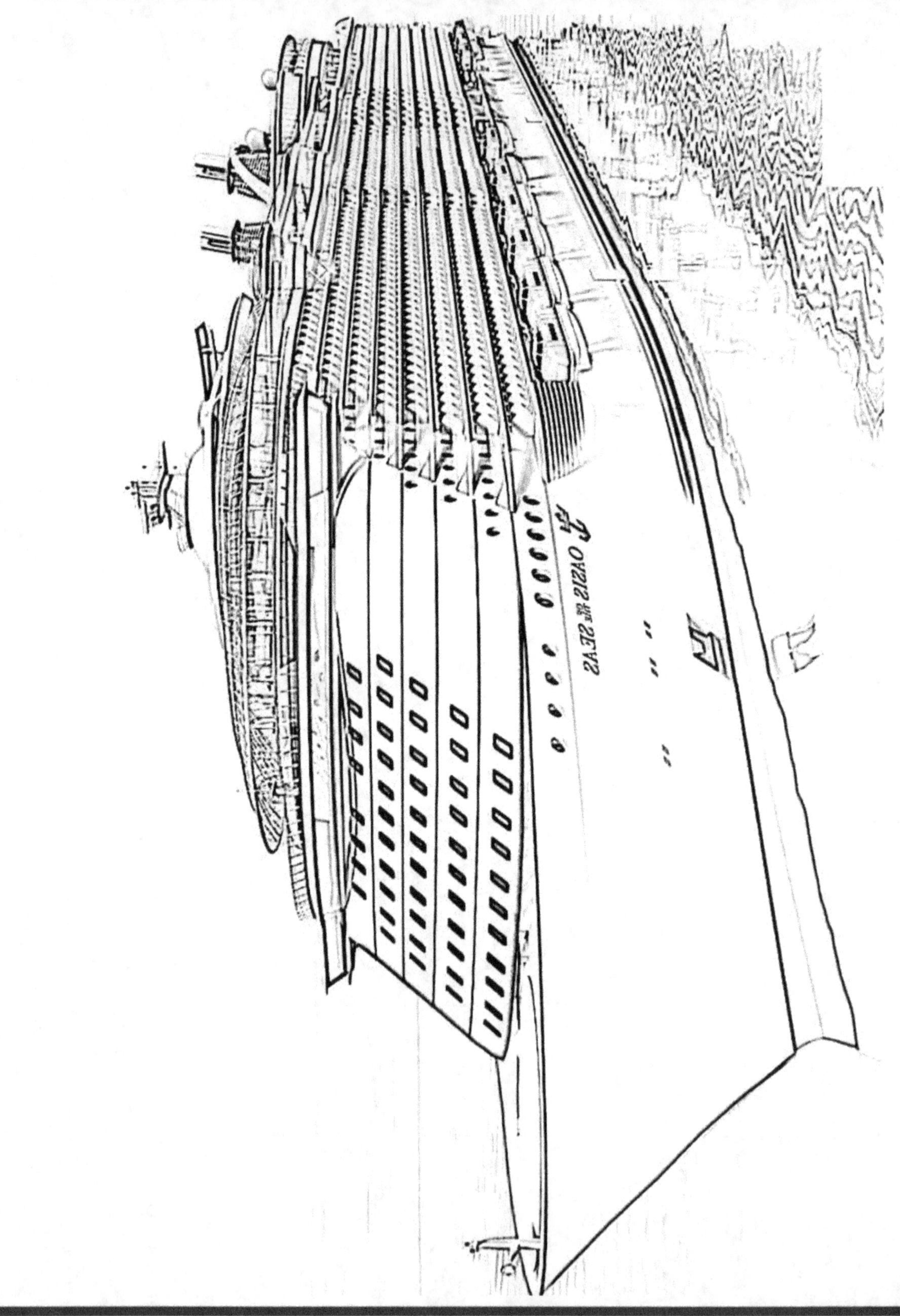

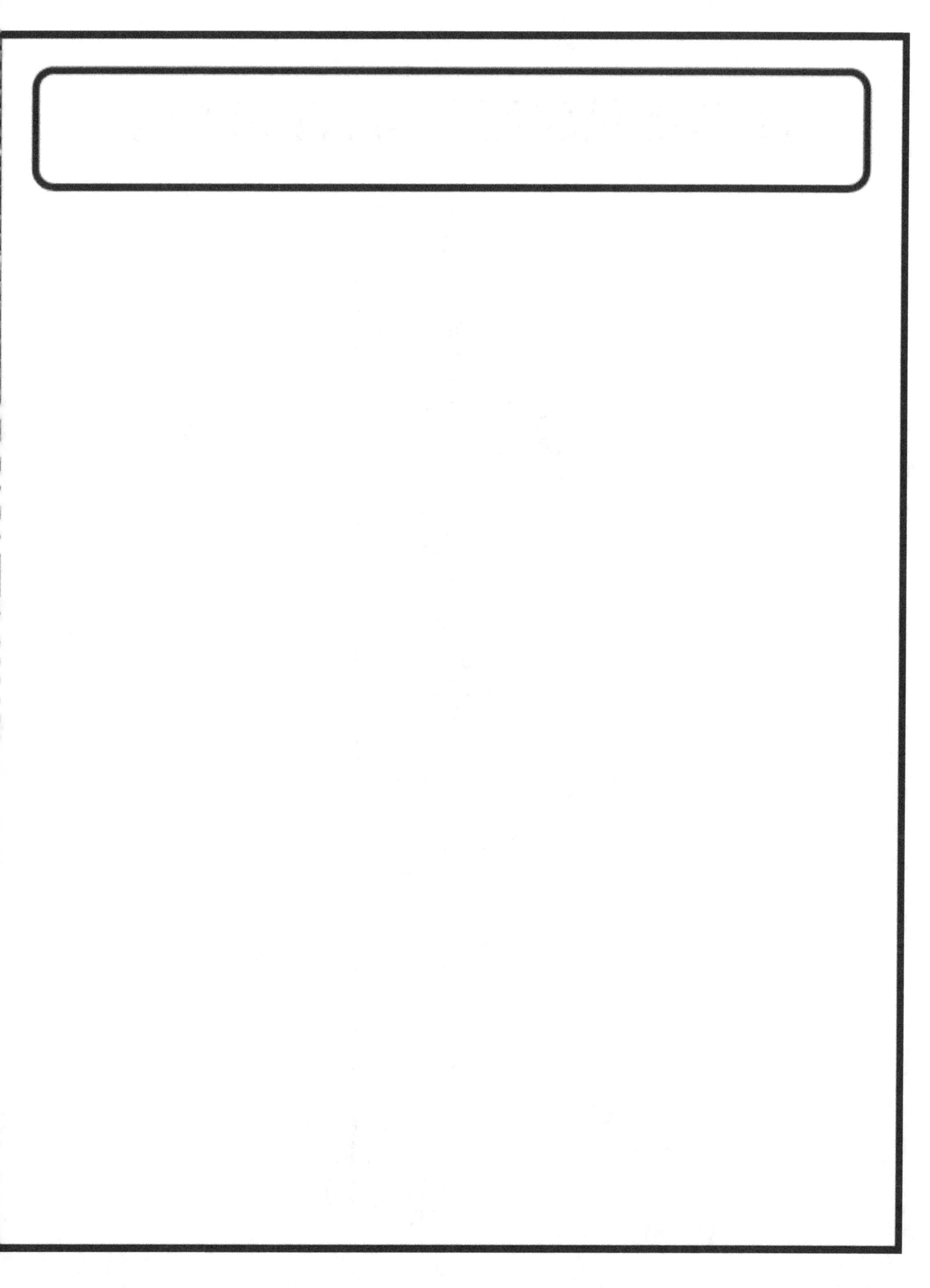

BATEAU DE CROISIÈRE LIVRE DE COLORIAGE

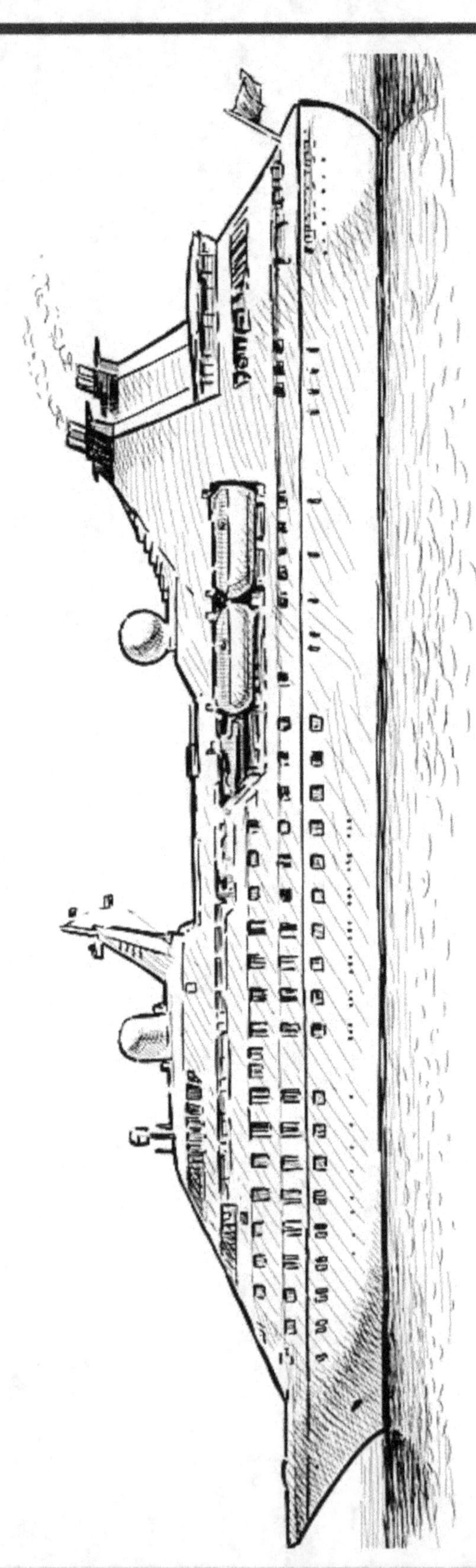

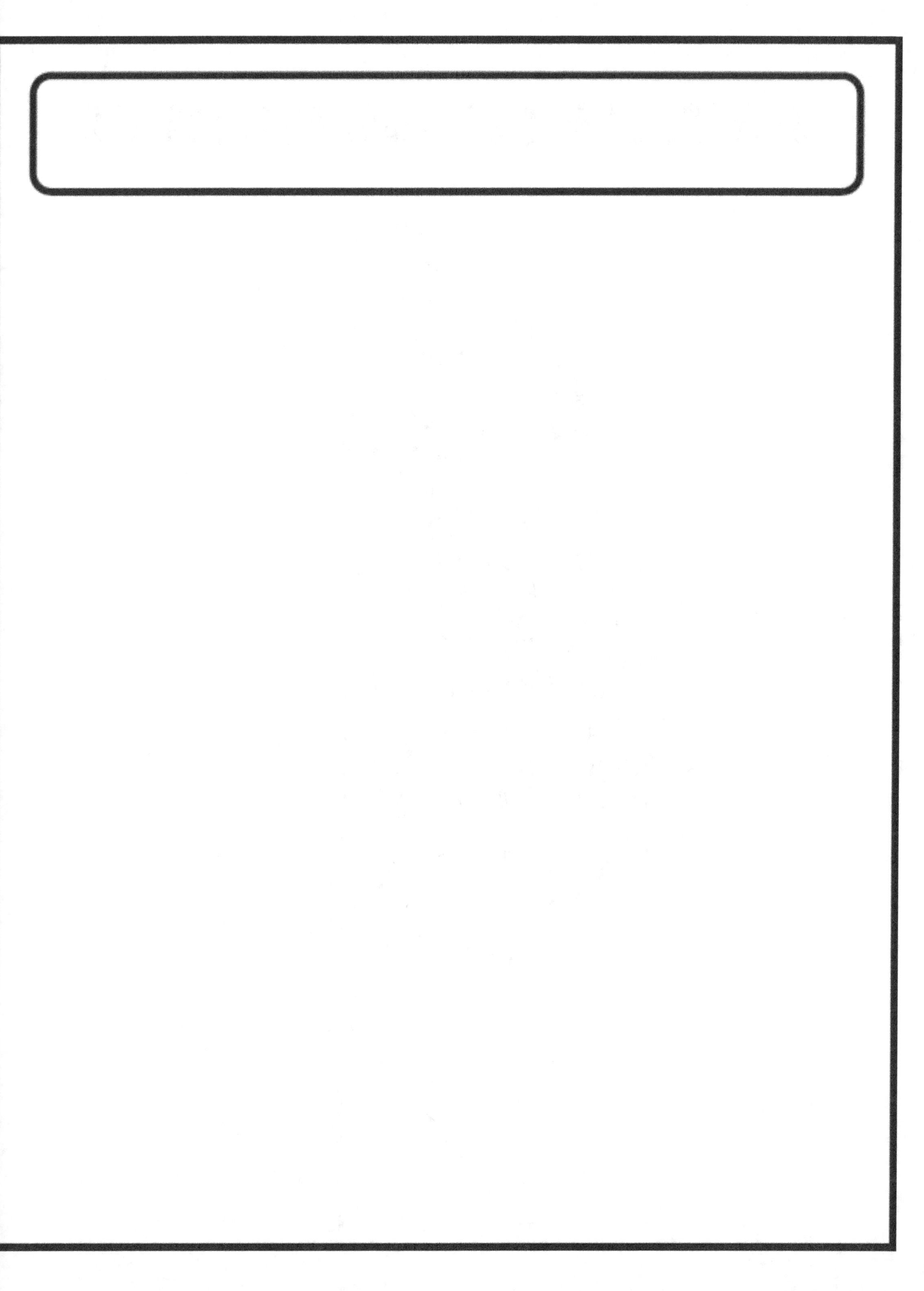

BATEAU DE CROISIÈRE LIVRE DE COLORIAGE

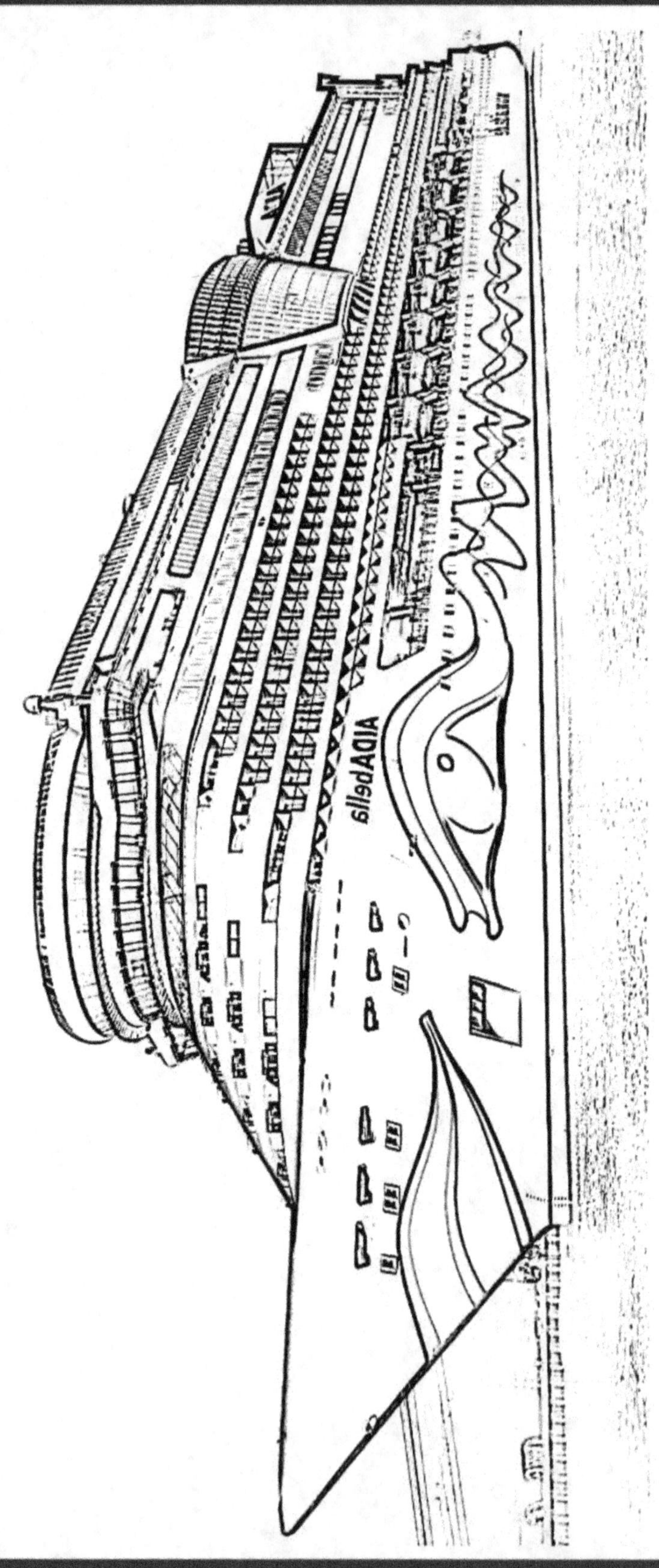

BATEAU DE CROISIÈRE LIVRE DE COLORIAGE

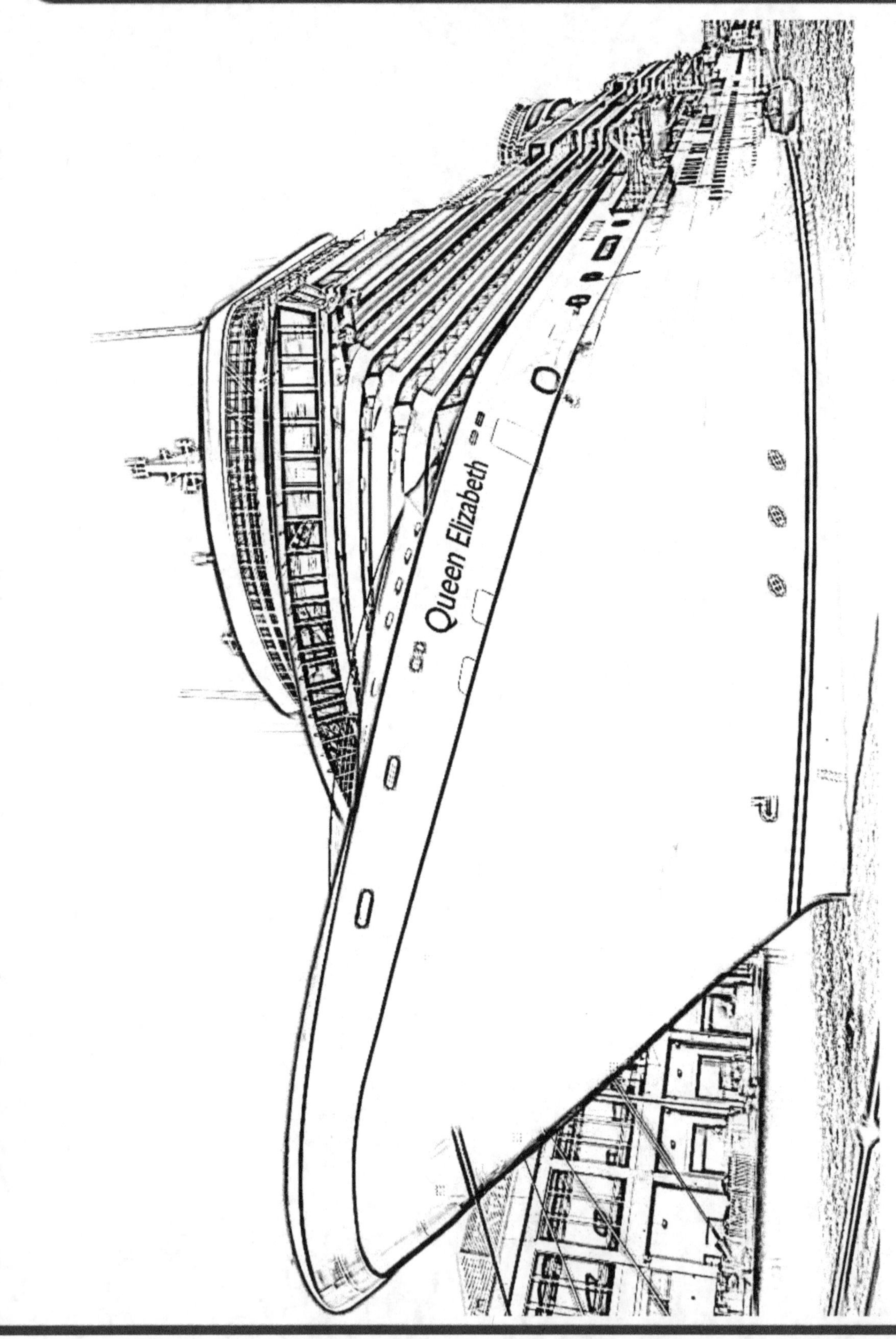

Queen Elizabeth